La Ciencia de la Oración

LOS GRANDES HÉROES DE LA FE
FUERON HOMBRES DE ORACIÓN

YIYE ÁVILA

Publicado por
Editorial Unilit
Miami, FL 33172
Derechos reservados

Nueva edición 1994 (Editorial Carisma)
Primera edición bolsillo 2002
Primera edición 2011 (Serie Favoritos)

Diseño de la portada: Ximena Urra
Fotografías de la portada: © 2011 Igor Zh. Usada con permiso de
Shutterstock.com

Las opiniones expresadas por el autor de este libro no reflejan
necesariamente la opinión de esta Editorial.

Producto 497574
ISBN 0-7899-1082-9
ISBN 978-0-7899-1082-0

Impreso en Colombia
Printed in Colombia

Categoría: Vida cristiana /Crecimiento espiritual /Oración
Category: Christian Living /Spiritual Growth /Prayer

INDICE

DEDICATORIA

Dedico este libro desde lo más profundo de mi corazón, a mi Señor Jesucristo. El y solamente El es mi vida. Sin El no habría propósito de vivir. Todo sería en vano. El es mi *amor principal*. Todo lo demás que tengo lo debo a El.

Sin Jesús jamás podría haber escrito este libro, por lo tanto lo dedico al que ha hecho posible que yo haya traído al pueblo de Dios un libro de oración.

A ti mi *amado Salvador* te entrego este libro para que lo hagas una poderosa bendición para tu iglesia.

Jesús dijo:

> *Yo soy la luz del mundo...*
>
> Juan 8:12

PROLOGO

Desde que me convertí al Señor, Dios me incrustó en el corazón la importancia de la *oración*. Entendí por el Espíritu, que sin una vida de oración estaría fracasado espiritualmente.

De madrugada, ya estaba en pie, y oraba hasta que amanecía. Multitud de batallas fueron ganadas en las rodillas a esa temprana hora del día. En ocasiones velaba la noche entera en oración.

Al pasar de los años entendí, que aún lo que oraba no era suficiente. Clamaba a Dios:

"Dame Señor un sacerdocio de oración". Esto implicaba una unción poderosa para interceder en oración, a cualquier hora, por la obra de Dios. Pasé años en ese clamor entendiendo que había en la oración algo más profundo que lo que yo tenía. Hace algún tiempo sentí deseos de clamar:

"Señor dame revelación del conocimiento de la oración en toda la profundidad que sea menester". Pocos días más tarde Dios me traía al conocimiento de la oración en el Espíritu y la oración para atravesar los problemas en un solo período de oración.

En estos días postreros es un fundamento de victoria tener conocimiento profundo de lo que la oración eficaz envuelve, y ponerlo en práctica con desesperación. La opresión del diablo se vuelve cada día más profunda contra la iglesia del Señor y es necesario orar más, en forma más espiritual y poderosa. Para esta época Cristo dijo:

"Vela, y ora en todo tiempo si quieres escapar y estar en pie delante del Hijo del Hombre" (Lucas 21:36).

Para esos que quieren escapar. Para los que tienen hambre y sed de recibir más de Dios. Para lo que anhelan ser cristianos victoriosos. Para los que desean ser *guerreros de oración*, y dar batalla continua al diablo derrotándolo en todos los frentes, para esos ha sido escrito este libro, y esperamos que sea de grande bendición. Oramos para que junto a nuestro libro, "El ayuno del Señor", este nuevo libro sea una joya de valor incalculable para la victoria espiritual de cada hermano. Damos a Dios, y sólo a El, la gloria por este nuevo logro del ministerio Cristo Viene para bendición de la iglesia del Señor.

Damos la gloria a Dios por la inspiración de su Santo Espíritu y por los escritos de otros siervos de Dios que han sido factores decisivos en la producción de este libro.

Cristo oraba de madrugada. Comienza a hacerlo tú y estarás colmado de su Espíritu para el rapto que viene.

LOS GRANDES HEROES DE LA FE FUERON HOMBRES DE ORACION

Daniel —oraba tres veces al día— (Daniel 6:10).

Fue consejero de reyes y tuvo grandes visitaciones de Dios. Por causa de la oración lo echaron en el foso de los leones pero éstos nada pudieron hacerle. (Daniel 6:16-22).

David —fue profeta y rey de Israel. Era varón conforme al corazón de Dios.

¿Cuál era su secreto? *Oraba tres veces al día* con clamor, lamento y lágrimas y Dios lo escuchaba. (Salmo 55:16).

El apóstol Pablo —predicó a multitudes.

Evangelizó a miles. Le predicó a los reyes y gobernadores y Dios hizo milagros de todo tipo a través de su ministerio. Nos dejó la doctrina del Señor para la iglesia del Nuevo Testamento.

La Biblia dice que su vida era una vida de *oración, ayuno, vigilias y actividades espirituales* de todo tipo. *Oraba en el Espíritu continuamente* (Efesios 6:18, 2 Corintios 6:5, 1 Corintios 14:14-18).

Jesús —venció al diablo. Redimió toda la humanidad dando su propia vida en sacrificio por el pecado. Resucitó de entre los muertos y ahora está sentado a la diestra del Padre y tiene el nombre que es sobre todo nombre.

Su vida fue una de profunda comunión con el Dios que le envió. Oraba de madrugada (Marcos 1:35). A veces velaba toda la noche en oración. (Lucas 6:12) Se apartaba a los *lugares solitarios a orar* (Lucas 5:16). Entraba en agonía en la oración. (Lucas 22:44).

Haz tú lo mismo y serás un héroe de la fe. Motivo de gloria para Dios y bendición para los perdidos. ¡Gloria a Dios!

CAPITULO I

LA CIENCIA DE LA ORACION

LA ORACION DE VICTORIA

¿Qué es la oración? Es comunión con el Padre. Es un acto solemne. Durante la oración debemos estar conscientes de que vamos a hablar con el Creador. Es importante comprender y entender que Dios está junto a nosotros cuando oramos. La comprensión de que Dios está realmente presente es lo que hace de la oración algo vital y poderoso. Si no creemos eso, la oración no tendría ningún valor. La Biblia dice:

"Empero, sin fe es imposible agradar a Dios, porque es menester que el que a Dios se allega, crea que le hay, y que es galardonador de los que le buscan".

Hebreos 11:6 VA

Al reconocer la presencia de Dios es fácil orar y fácil creer. Los primeros discípulos entendieron la importancia de la oración. Ellos veían las obras increíbles que *Jesús* hacía. Estaban impresionados por Su poder, pero también observaban que aún cuando era muy de noche el Maestro se levantaba a orar. Pudieron visualizar que sin oración jamás podrían llegar a ser como El. Su interés llegó a tal punto que le pidieron a Jesús: "Señor, enséñanos a orar" (Lucas 11:1). Esto nos muestra que había una forma correcta de orar. Había una forma adecuada de orar para alcanzar victoria con Dios. Cristo accedió a revelarles el secreto y les dijo que ellos deberían orar de esta manera:

Padre nuestro que estás en los cielos, santificado sea tu nombre.

Ahí vemos dos puntos fundamentales en la oración. Primero, que toda oración va dirigida al Padre y segundo que toda oración comienza con adoración.

Nota que la oración no va dirigida a Cristo, ni tampoco al Espíritu Santo. Va dirigida al Padre. Jesús dijo:

"Y todo lo que pidiéreis al Padre en mi nombre, lo haré para que el Padre sea glorificado en el Hijo. Si algo pidiéreis en mi nombre, yo lo haré".

Juan 14:13

Este es uno de los secretos elementales en la oración eficaz. Tú pides al Padre, hablas con el Padre, pero todo lo reclamas en el nombre de Jesús. El apóstol Pablo dijo: "Porque hay *un solo Dios*, y un solo mediador, entre Dios y los hombres, *Jesucristo hombre* (1 Timoteo 2:5). No hay otra forma de orar. Esa es la fórmula bíblica y ninguna oración sería eficaz si no va encausada en la forma única que enseñó Jesús.

Lo segundo que el Señor recalcó fue el espíritu de adoración que debe acompañar toda oración. El dijo:

"Y decid: "santificado sea tu nombre". Es un llamado a adoración en la oración. Tú le pides a Dios en la oración, pero al mismo tiempo le rindes a El tu adoración. Dios ansía nuestra adoración devota. La Biblia lo enseña. El Salmo 150:6 dice:

"Todo lo que respira alabe a Jehová". En el pozo de Jacob CRISTO le dijo a la samaritana. *"Mas la hora viene, y ahora es, cuando los verdaderos adoradores, adorarán al Padre en espíritu y en verdad; porque también el Padre tales adoradores busca, que le adoren"* (Juan 4:23).

Es claro que Dios demanda la adoración en el Espíritu. Adoración de lo profundo de nuestro ser, con toda nuestra alma y todo nuestro espíritu esforzándose por rendirle sacrificio de alabanza.

La oración no es una fórmula, ni algo mecánico donde repetimos como autómatas algo aprendido de memoria. Es una conversación cara a cara con Dios donde le hablamos al Padre y usamos el nombre de Cristo para asegurar que nos oye y al mismo tiempo le alabamos de todo corazón para conquistar Su gracia. Es conversación con el Padre, saturada de continua alabanza. Cristo mismo lo hizo así. En Mateo 11:25, Jesús habló con el Padre y le dijo:

"Te alabo, Padre, Señor del cielo y de la tierra, porque escondiste estas cosas de los sabios y de los entendidos, y las revelaste a los niños". En su oración al Padre, El alabó adorando su nombre. Ora a Dios con alabanza y acción de gracias. Entra a la presencia de Dios dándole gloria. Alábale por lo mucho que ha hecho por nosotros. Los poderes del cielo y de la tierra están al servicio de aquellos que han aprendido el secreto de la adoración. Empieza hoy el hábito de ofrendarle el sacrificio de la alabanza continuamente. (Hebreos 13:15) Confiésale al Padre en la oración cuánto le amas. Dile cuánto le agradeces que enviara a Jesús a morir por nosotros. Dale gracias por todas sus misericordias, y ruega, que todo lo que le pidas en el *nombre de Jesús lo recibirás*.

Jesús añadió que al orar dijéramos:

"Venga tu reino". Su reino de paz y de abundancia será establecido en la tierra, pero El nos ordenó que oráramos pidiéndolo. El también dijo que el evangelio del reino sería predicado en todo el mundo y entonces vendría el fin (Mateo 24:14). Es pues nuestra obligación al orar, clamar para que Dios envíe obreros a su mies y les provea para que lleven el evangelio a toda criatura y Su reino pueda ser establecido en esta tierra. Si presentamos primero esta oración desinteresada y clamamos por la evangelización mundial también podremos reclamar nuestras peticiones y la contestación vendrá. Este es otro gran secreto de la oración. Clamar primero por la evangelización de millones de almas sin Cristo para que escapen de la condenación y venga Su reino. En otras

palabras atendemos en la oración primero lo del prójimo y
luego lo nuestro, y nuestras necesidades no quedarán sin
contestación. Es un reflejo del *amor de Dios* en nuestras
oraciones (1 Corintios 13).

La oración debe hacerse en la voluntad de Dios. En 1 Juan
5:14 dice:

"Y esta es la confianza que tenemos en El, que si deman-
dáremos alguna cosa conforme a Su voluntad, El nos oye".
Su promesa es clara: "Pedid y se os dará; buscad, y hallaréis;
llamad y os será abierto. Porque todo aquel que pide recibe;
y el que busca, halla; y al que llama, se le abrirá" (Lucas
11:9-10). El es fiel a Su promesa. Si alguno pide y no recibe
es porque no ha pedido en su voluntad. Si eres inteligente
debes demandar de Dios que jamás permita nada que no sea
en su voluntad. Lo más mínimo que tú recibas que no sea en
la *voluntad de Dios* te servirá de maldición. Por eso Jesús nos
enseñó a orar diciendo:

"Hágase tu voluntad, como en el cielo, así también en la
tierra". Si presentas tu oración a Dios en la forma adecuada y
estás dentro de Su voluntad, el milagro que se necesita
siempre acontecerá. Gloria a Dios.

Muchos se quejan que Dios no los oye. Dicen:

"El no contesta mis oraciones". ¿Qué pasa?

Lo más probable es que sus vidas están fuera de la perfecta
voluntad de Dios. Clama para que la voluntad de Dios sea
hecha en tu vida. Cristo mismo en Getsemaní gimió:

"Padre mío, si es posible, pase de mí esta copa, pero no sea
como yo quiero, sino como tú" (Mateo 26:39). El se resignó
a la voluntad del Padre aunque ello significara morir en
tormento. Resignarse a la voluntad de Dios implica *morir al
yo*. No es que Dios bendiga nuestros planes, sino que se haga
Su voluntad, y ahí seamos bendecidos. Cristo dijo:

"Si estuviéreis en mí, y mis palabras estuvieren en vosotros,
pedid todo lo que quisiéreis, y os será hecho" (Juan 15:7). Sólo
en Su voluntad hay victoria y vemos contestación gloriosa a
nuestras oraciones.

Jesús enseñó a orar. "El pan nuestro de cada día, dánoslo hoy"... (Lucas 11:3). Este es otro gran secreto en la oración. La oración de éxito implica un contacto diario con Dios. Cuando la vida espiritual de un hombre empieza a deteriorarse, generalmente se puede encontrar la causa en una falta de oración diaria abundante. Si como siervo de Dios no oras diariamente en abundancia las fuerzas de las tinieblas se movilizarán contra ti y paralizarán fácilmente tus esfuerzos. Hay que conquistar las victorias en las rodillas, y luego lanzarse a apropiarse de lo que ya es nuestro. *En la oración hay una sustancia verdadera.* (Apocalipsis 8:3) Dios las almacena y luego las usa en el momento oportuno para darnos las victorias. Las oraciones del pueblo de Dios hacen posible la ejecución del plan de Dios sobre la tierra. Hay que predicar y laborar, pero para que veamos el fruto hay que guardar el contacto día y noche con Dios.

"El pan nuestro de cada día, dánoslo hoy". Esto te muestra que Dios quiere que diariamente estemos dependiendo enteramente de El. Esto lo vimos cuando derramó el maná a los hijos de Israel—. *Sólo derramaba lo suficiente para la necesidad del día.* Los que trataron de almacenar para varios días, encontraban que criaban gusanos, y no servía para consumo humano. Era menester depender de Dios diariamente. No podemos permitir que pase un solo día sin esa comunión vital con Dios.

El cuerpo sufre cuando se le deja un solo día sin ser alimentado. Si alimentas varias veces al día el cuerpo que es temporal, cuánto más debes alimentar tu espíritu que es eterno.

Los hombres victoriosos en la Biblia oraban en abundancia. Daniel fue la confianza de los reyes. Sobrevivió a peligros de muerte. Era admirado y respetado por los grandes. ¿Cuál fue su secreto? *Oraba tres veces al día con acción de gracias.* Ese era un hábito que por nada interrumpía (Daniel 6:10).

David fue rey de Israel y era un hombre conforme el corazón de Dios. ¿Cuál era su secreto?

"En cuanto a mí, decía él: 'a Dios clamaré'; y Jehová me salvará. Tarde y mañana y a medio día oraré y clamaré y El oirá mi voz".

Salmo 55:16-17

La oración debe convertirse en algo tan natural como la respiración. Así derrotamos las fuerzas espirituales que obran contra nosotros y formamos una valla de protección alrededor nuestro. En esa forma estaremos preparados para la venida del Señor (Lucas 21:36).

Jesús enseñó que oráramos: "Y no nos metas en tentación, mas líbranos del mal" (Mateo 6:13). Todos, tarde o temprano nos enfrentamos a la tentación. Si oramos como Cristo ordenó nos anticipamos a la tentación y nos libramos del mal antes de que nos pueda alcanzar. Algunos oran cuando ya se han metido en dificultades, no comprendiendo que de haber orado antes, podrían haber evitado la trampa. Es prevenirse del mal y evitarlo. El avisado ve el mal y se esconde; mas los simples pasan y llevan el daño (Proverbios 27:12). Jesús nos enseñó a orar para ser librados de la tentación en lugar de ser rescatados de ella después de ser atrapados por ella.

En Getsemaní Jesús oró con tal desesperación que su sudor cayó como sangre sobre la tierra. Se preparaba para la prueba gigante que venía. La victoria más grande de los siglos coronó sus esfuerzos (Lucas 22:43). Los discípulos también iban a ser probados, pero dormían. Cristo los llamó y les dijo:

"Levantaos y orad para que no entréis en tentación" (Lucas 22:46). Ellos siguieron durmiendo. Cuando llegó la hora, los soldados armados llegaron y ellos cayeron en gran confusión. Pedro en su pánico negó al Maestro y tuvo que llorar amargamente su cobardía. Su error terrible fue no orar cuando la tentación amenazaba. Es advertencia solemne para todos los cristianos que vivimos hoy en día, la época más peligrosa y terrible de la historia. La opresión satánica es peor que nunca antes y es necesario orar para no caer en tentación.

Jesús enseñó algo más decisivo para los que desean ver sus oraciones contestadas. El dijo que al orar pidiéramos: "Y perdónanos nuestras deudas así como nosotros perdonamos a nuestros deudores" (Mateo 6:12). Si hay pecado Dios no te contestará. La Biblia dice que Dios no oye al pecador. Si tú pides perdón por cualquier falta, El no fallará en perdonarte.

Así también es necesario que perdones a los que te han ofendido. Si tú no perdonas, el Padre tampoco te perdonará a ti. Muchos se maravillan que Dios no les contesta pero se han olvidado que están enojados con el hermano o que no saludan a su vecino. La Biblia dice:

"Procurad estar en paz con todo el mundo y la santidad, sin la cual nadie verá al Señor" (Hebreos 12:14).

Es menester que vivas en amor si deseas tener victoria en tus oraciones (1 Corintios 13).

Todos estos puntos discutidos son fundamento sólido para una vida de oración victoriosa. Antes de comenzar a pedir por los niños y el resto de la familia y tus problemas, ora primero lo que Cristo nos enseña en la Biblia como el comienzo glorioso de todo período de oración. Entonces tu oración moverá las montañas y ninguna cosa te será imposible.

Resumen del Padre Nuestro
Jesús dijo:

1. Padre nuestro...
2. Santificado sea Tu nombre
3. Venga Tu reino
4. Hágase Tu voluntad
5. El pan nuestro de cada día, dánoslo hoy
6. Perdona nuestras deudas, así como perdonamos a nuestros deudores.
7. No nos metas en tentaciones... líbranos del mal.

Es un patrón de oración. Siete pasos donde la plenitud de la oración queda alcanzada por el creyente.

Cubre estos siete pasos en oración ferviente lo más temprano posible para preparar un día en que el diablo va a tratar,
sin duda alguna, de destruirte. En la oración impides la obra
del diablo contra ti mismo, y contra el prójimo por el cuál
oras. No importa por quién oras, sea por ti mismo o por otros,
usa este patrón de oración dejado por Cristo y te asegurará la
victoria. Fíjate que los primeros dos pasos son una introduc-
ción. Tút te diriges al Padre en alabanza. Luego los otros
cinco pasos son peticiones que cubren la plenitud de cualquier necesidad que pueda tener el ser humano.

Pídele a Dios sabiduría para que en cada paso abundes y
profundices conforme te inspire el Espíritu Santo.

No es para repetirlo de memoria. Es para orar cada fase
creyendo y abundando en ella conforme el Espíritu Santo
te inspire. Lo que repitas de memoria, sin detenerte a creerlo
en tu corazón, es tiempo perdido. Eso enseña la Escritura.
(Marcos 11:23-24)

Creo es muy importante ilustrar lo que hemos enseñado.
Después de introducirte en la oración clamando al Padre y
teniendo un buen rato de alabanza y oración, has cubierto los
primeros dos pasos. No olvides que en todo el resto de la
oración cuando comiences con los cinco pasos restantes,
siempre debes saturar cada parte con alabanza.

Al orar en el tercer paso y clamar: Venga tu reino, ahí oras
todo lo que crees importante para acelerar la evangelización
mundial y que Su reino se establezca.

En este punto clama para que Jesús:

1. Envíe obreros a su mies.
2. Provea finanzas a misioneros.
3. Abra puertas en todos los países.
4. Nos entregue las formas de comunicación.
5. Ponga las autoridades de los países a favor nuestro.
6. Clama que Dios te revele otros aspectos que pueden ser
   importantes.

El cuarto paso es obvio, pero clama con profundidad. Anhélalo de todo corazón y reclámalo para ti y para toda la tierra para que halla paz y sosiego y podamos llevar la palabra a toda criatura en lo poco que falta.

El quinto paso es primordialmente espiritual. Pide que en cada día, El te dé en abundancia pan de vida, o sea te haga partícipe de Su palabra en forma sobreabundante. Ahí puedes reclamar que por esa palabra Jesús:

1. Te llene de fe
2. Te limpie y Te santifique
3. Te dé salud del cuerpo
4. Inteligencia a la Escritura, etcétera.

El pan material vendrá por añadidura y sin falla, si eres fiel. Anhele primero el pan espiritual.

El sexto paso, tiene que ser con profunda humillación. No sólo por cualquier falta que podamos haber cometido, sino también por lo más mínimo que hayamos dejado de hacer relativo a Su obra.

Ora uno a uno, y por sus nombres, por los que te hacen injusticia, te difaman o te ofenden en alguna forma. Pídele a Dios que te dé amor por ellos (1 Corintios 13).

El séptimo paso es demandando la protección diaria contra Satanás. Por eso es tan importante hacer el primer período de oración de madrugada, o lo más temprano posible. Así rompemos el más mínimo plan que el diablo tenga en ese día contra nosotros. Nota la importancia de la oración diaria y de cubrir los pasos del Padre Nuestro todos los días y lo más temprano posible. Ahí está el gran secreto de la vida victoriosa en Cristo y también la causa de tantos cristianos fracasados por no tener una vida de oración abundante y ordenada. Gloria a Dios.

En Mateo 8:17 el profeta Isaías dijo: El mismo tomó nuestras enfermedades; y llevó nuestras dolencias. Cristo lo hizo en la cruz, todo el que esté enfermo crea y reciba lo que Jesús hizo ya por nosotros.

CAPITULO II

LA ORACION EN EL ESPIRITU

En Romanos 8:26 la Biblia dice: "Y de igual manera el Espíritu nos ayuda en nuestra debilidad, pues qué hemos de pedir como conviene, no lo sabemos pero el *Espíritu* mismo intercede por nosotros con gemidos indecibles".

Al orar en el *Espíritu* lanzamos gemidos que no se pueden expresar en palabras normales.

Esto incluye también el orar en lenguas. En 1 Corintios 14:14 dice: "Porque si oro en lengua desconocida, mi espíritu ora, pero mi entendimiento queda sin fruto". Es como decir que mi espíritu con la ayuda del Espíritu Santo, que mora en mí, ora. Con nuestra mente natural a veces no sabemos cómo se debe orar, pero el *Espíritu* nos ayuda en nuestra limitación. No es que el Espíritu Santo ore por uno mismo, pero El te inspira ayudándote en tu oración y ésta se vuelve poderosamente efectiva. Esos gemidos que salen de tu espíritu y escapan por tus labios; es el Espíritu Santo ayudándote. Esos gemidos que no se pueden expresar con palabras vienen de tu interior y son inspirados por el *Espíritu Santo*. Muy a menudo al orar en esta forma se está intercediendo por otra persona. Esta oración como viene inspirada por el Espíritu Santo, es siempre en la voluntad de Dios.

Hay oración mental y oración espiritual. Al orar en lenguas se ora en el Espíritu. Si oras con tu entendimiento, se ora de la mente. Debemos orar en ambas formas.

Al orar en lenguas tu espíritu ora y el Espíritu Santo te da la inspiración. Es nuestro espíritu el que ora. La oración mental se limita a nuestro entendimiento, o nuestro conocimiento. Por eso es insuficiente. La iglesia ha tratado de llevar a cabo la obra con una sola clase de oración, la mental. Eso ha limitado la obra (Judas 1.20, Efesios 6:18).

Gemir en la oración y hablar en lenguas implica el Espíritu Santo ayudándonos a orar en intercesión espiritual. Si esto está acompañado de lágrimas, la oración se vuelve aún más poderosa. Ora para que Dios te unja para interceder en el Espíritu con llanto (Joel 2:12).

Uno de los instrumentos más poderosos para ser usados en la oración es el orar en lenguas. En 2 de Corintios 10:4 dice:

"Porque las armas de nuestra milicia no son carnales, sino poderosas en Dios para la destrucción de fortalezas".

Fíjate que sólo con armas espirituales podríamos destruir las fortalezas del diablo. Algunas de las fortalezas de Satanás jamás serían rotas hasta que no aprendamos a usar el arma espiritual de la oración en lenguas. En una ocasión un joven predicador tuvo un accidente y se fracturó el cuello y quedó paralizado de la cintura para abajo. Estaba inconsciente. Su padre, que era un siervo lleno del Espíritu Santo, vino a verlo y al visualizar la situación tan crítica comenzó a orar en lenguas. Oró por diez horas. A las seis de la mañana fue a ver el joven y encontró que había recuperado el conocimiento. Al preguntarle cómo estaba, él dijo: "Dios me sanó".

La sensibilidad de su cuerpo había sido restaurada. Le pidió al doctor que le quitara el yeso. Este se negó pero accedió a sacar de nuevo las placas de rayos X. Se quedaron maravillados, pues no pudieron ver ni aun dónde era que los huesos se habían roto.

Se puede aumentar ciento por ciento el poder de la oración orando en el *Espíritu* y en lenguas. Gloria a Dios por el Espíritu Santo.

Pablo habla de sufrir dolores de parto hasta que Cristo sea formado en los gálatas (Gálatas 4:19). Esto implica gemidos hasta que nazca la nueva criatura en ellos. Cuando la mujer está a punto de dar a luz siente dolores de parto y gime hasta que nace el bebé. En Isaías 66:8 dice: Que en cuanto Sion estuvo de parto, dio a luz sus hijos. Asimismo según nosotros gemimos en oración, como con dolores de parto, Dios engendra hijos. Como resultado de nuestras oraciones en el Espíritu con gemidos indecibles, nacen bebés en Cristo. Así también gemimos en la oración para que Cristo sea formado en los nuevos creyentes. Pablo lo hacía (Gálatas 4:19) las iglesias son responsables de gemir como con dolores de parto para que *Cristo* sea formado en los nuevos convertidos. Es similar al nacimiento físico. Nadie nace maduro. Nace un bebé y crece. Nadie nace un cristiano completamente maduro. Es primero un recién nacido y luego crece. Hay que enseñarles la Palabra (1 Pedro 2:2). Además, la Palabra dice que oración con gemidos como de parto deben prevalecer por ellos.

Cuando estés orando en el Espíritu con gemidos, no te apartes, ni los impidas, sino que responde a ellos. Recuerda que cuando Sion trabajó con gemidos como en dolores de parto dio a luz hijos (Isaías 66:8). Mientras tú gimes, piensa que estás gimiendo para engendrar hijos y para que Cristo nazca en los nuevos creyentes, y no desistas con facilidad. Persiste y en tu mente clama al *Espíritu* que te ayude, pues sólo el Espíritu Santo puede ayudarnos. Ten la mente bien concentrada en Dios en una actitud de fe de que El está obrando en forma profunda para dar cumplimiento a las peticiones. Tú gimes en el Espíritu y al mismo tiempo oras con tu mente. Es oración en el Espíritu y oración mental en forma simultánea.

El pueblo de Israel conocía este secreto. En los momentos de desesperación ellos proclamaban ayuno y lloraban gimiendo por horas delante de Dios hasta conquistar las victorias (Jueces 20:26; Isaías 66:8). Aun para su crecimiento espiritual y plena conversión sabían que no había otro secreto. En Joel 2:12 el Señor les había ordenado:

"Por eso pues, ahora, dice Jehová, convertíos a mí con todo vuestro corazón, con ayuno y lloro y lamento". Ellos lo hacían a pesar de no tener el bautismo del Espíritu Santo. Si los judíos podían gemir como con dolores de parto, sin la investidura del Espíritu, cuánto más nosotros que tenemos al ayudador, el Espíritu Santo, dentro de nosotros. Ellos lo lograban por esfuerzo propio y la fe de que Dios escuchaba sus gemidos y respondía a ellos dándoles la victoria. Nosotros podemos hacelo también por esfuerzo propio y con la fe que el consolador que está en nosotros nos ayudará en nuestras flaquezas y nos hará fácil conquistar las victorias.

Cuentan peregrinos que en sus viajes a Tierra Santa han visto a los viejos rabíes judíos orando junto al muro de las lamentaciones. Dicen que se han quedado maravillados al ver como gimen en ese lugar delante de Jehová. Son gemidos como con dolores de parto y esto engendra hijos para Dios y las nuevas criaturas en los creyentes. Los judíos lloraban y gemían delante de Dios a pesar de no tener el bautismo en el *Espíritu*. Nosotros la iglesia de Jesucristo que tenemos el poderoso bautismo de Fuego y Espíritu podemos gemir y llorar con más facilidad que ellos, pues tenemos el Espíritu dentro de nosotros y además podemos interceder en otras lenguas conforme el Espíritu nos da para orar. Esto es oración en el espíritu que derriba las fortalezas del diablo y mueve las montañas para la gloria de Dios.

Estos no son instrumentos carnales y de sabiduría humana, sino las armas espirituales que tenemos que usar para que *Cristo* madure a los creyentes en cada iglesia y vengan más nuevos creyentes. No es cuestión de atraerlos con todo tipo de métodos ingeniosos y elaborados por la mente natural, sino usar las armas espirituales que Dios nos ha dado para engendrar creyentes maduros.

Se dice que en las campañas del evangelista Charles G. Finney, alrededor del ochenta por ciento de las almas salvadas perseveraban, nadie tuvo tanto éxito como él. ¿Cuál era el secreto? El dependía exclusivamente de la oración. El tenía un anciano que le ayudaba en el ministerio. Lo enviaba a los lugares como tres semanas antes de la campaña. Ese varón se conseguía dos o tres personas que entraran con él en un pacto de oración. Se apartaban a orar y clamaban y gemían por días. En una ocasión cuando Finney llegó a un pueblo para una campaña, una señora dueña del hotel, le llamó y le dijo, que el anciano y dos más estaban en el hotel hacía tres días, pero no habían comido nada. Ella curiosa fue al cuarto, y al abrir la puerta estaban con la cara en el piso gimiendo. "Han estado así por tres días —dijo ella—. ¿Podrá usted explicarme?" "No es nada" —dijo Finney—, ellos, sencillamente tienen un espíritu de dolores de parto en la oración" (Romanos 8:26-27, Gálatas 4:19) estaban engendrando hijos para Dios.

Finney mismo se levantaba todos los días a las 4 A.M. y se iba a un lugar adecuado y oraba hasta las 8 A.M. La oración intercesora era el secreto de sus victorias. Sencillamente rompían el poder del diablo sobre los pecadores y los liberaban orando en el Espíritu.

Aun para sanidad divina, cuando todos los métodos fallan, la oración intercesora en el Espíritu, sería la respuesta. Esta oración como con dolores de parto, con gemidos y en otras lenguas a favor de otros, funciona en forma muy efectiva rompiendo las fortalezas del diablo. A veces no sabemos orar como se debe, por eso es menester que nos unamos con el *Espíritu* para sobreponernos a nuestra debilidades. El intercesor toma el lugar de otro al clamar con él. Hay un ministerio de intercesión y debemos clamar al Señor para que lo manifieste a plenitud en nosotros. Esto incluye orar en el Espíritu.

Cristo en la cruz tomó nuestro lugar y ahora es el intercesor por excelencia. Nosotros los discípulos seríamos semejantes al Maestro. Todos fuimos llamados a ser sacerdotes de Dios y de Cristo.

Cuando vengan problemas, ponte de rodillas y di:

"Señor, no sé cómo orar por esto; no sé orar como debería, pero Tú sabes, tu Palabra dice que el Espíritu Santo sería mi ayudador intercediendo. Yo confío y creo que Tú me ayudarás. Comienza entonces a orar en lenguas y con gemidos. Ten fe y cree que El no va a fallar en ayudarte, y el Espíritu no fallará conforme Dios ha prometido. En tu mente ora y cree con profundidad mientras gimes.

El famoso evangelista Smith Wigglesworth decía:

"A veces comienzo a orar por mí mismo sin ninguna unción especial. Comienzo en lo natural y termino en el Espíritu". A veces comenzamos creyendo que el Espíritu nos va a ayudar. Hacemos el esfuerzo y predicamos y de pronto sentimos cuando El viene sobre nosotros y seguimos en el Espíritu. Así es la oración.

Algunos esperan que el Espíritu les obligue o les haga sentir algo especial. No tenemos que esperar a sentir algo especial. Es sólo creer que el ayudador está ahí y que podamos pedirle a El que nos ayude. Según nos lanzamos y creemos que El nos está ayudando, el Espíritu tomará dominio de nuestro espíritu y luchará junto con nosotros contra el problema.

Tú puedes ayudar a levantar una carga espiritual, al igual que puedes ayudar a levantar una carga material. Cuando hay alguien gimiendo e intercediendo en el Espíritu, tú empiezas a hacer como él está haciendo. Tienes la fe de que el Espíritu te ayudará. Sigue la intercesión hasta que sientas un espíritu de gozo, alabanza y hasta de deseos de reír. Es señal de que la victoria ha sido alcanzada. En una oración intercesora, déjate ir en la oración. Cede a ella. No tengas temor. Esto no viene de la mente o de la cabeza. El Espíritu Santo ayuda a nuestro espíritu a orar. A veces no sabemos exactamente por qué orar, pero al comenzar a orar en el Espíritu, Dios puede mostrarte por qué estás orando. Gloria a Dios.

Se cuenta que un evangelista visitaba a un agricultor cristiano: En el hogar se encontraba un doctor, hermano del agricultor, que se burlaba del evangelio. Cuando fueron a dar gracias por la comida el agricultor salió gimiendo y se puso en pie y se fue a su cuarto. El doctor lo siguió. Cuando salió del cuarto le dijo al evangelista:

"Parece que tiene dolores, voy a buscar unas medicinas". El evangelista dijo: "No se preocupe por él, está gimiendo por usted en el Espíritu, pues usted está perdido". El doctor se negó a creer. El evangelista entró al cuarto. Se arrodilló al lado del hermano y comenzó a gemir igual que él. Así estuvieron como por cuarenta y cinco minutos. De pronto ambos comenzaron a reírse. Sentían un gozo sobrenatural. Se pusieron de pie. El evangelista fue a buscar el doctor. Este le preguntó por su hermano, y él le dijo:

"Está muy bien, y en cuanto a usted no hay forma de que se pueda perder". El médico lo miró extrañado, pero de pronto se arrodilló, comenzó a llorar y fue salvado gloriosamente. La oración intercesora en el Espíritu había obrado el milagro. Gloria a Dios. Clama para que Dios te dé un ministerio pleno de intercesión.

En la oración intercesora tratamos con el Espíritu detrás de la persona. Dios nos ha dado los instrumentos para romper las fortalezas del diablo. Dios no lo va a hacer. El nos ha dado los instrumentos a nosotros. Si no lo hacemos nosotros, esas fortalezas nunca serán derribadas. El siervo de Dios es el que hace que sucedan las cosas con su oración intercesora (2 Corintios 10:4-5). "Y busqué entre ellos *un hombre* que hiciese vallado y que se pusiera en la brecha delante de mí a favor de la tierra, para que yo no la destruyese; y *no lo hallé*. Por tanto derramé sobre ellos mi ira: con el ardor de mi ira los consumí; hice volverse el camino de ellos sobre su propia cabeza, dice Jehová el Señor, (Ezequiel 22:30-31) Un solo hombre pudo haber evitado intercediendo, este juicio terrible. Clama tú hoy. "Ungeme, Señor. Lléname. Estoy dispuesto a interceder por ellos para que sean salvos". Dios te usará en el ministerio de intercesión y las fortalezas del enemigo serán destruidas. Todo ministerio tiene un ministerio de intercesión. No te conformes sólo con hablar, enseñar y construir. Intercede con gemidos, llanto, en lenguas y en ayuno y rompe toda traba satánica y engendra hijos para Dios.

CAPITULO III

SECRETOS DE LA ORACION

I. ATAR LOS DEMONIOS

El nombre de Jesús es el instrumento poderoso en la lucha contra el diablo. En su nombre atamos los demonios de los seres queridos oprimidos, y creemos que son libres. Una vez lo hacemos con la autoridad de Dios, sostenemos la confesión de victoria. No le permitas al diablo que te oprima el pensamiento. Pelea la buena batalla de la fe. Cree de todo corazón que lo que la Palabra dice es verdad. Si tú los ataste en Su nombre están atados. No permitas que tu mente dude. No trates de resolver tus problemas con la mente. Te confundes, te preocupas y fracasas. En el nombre de Jesús y en la Palabra está la victoria. Si usaste el nombre y creíste a la Palabra está hecho, aunque no lo veas. Mantén tu fe ahí sin titubear. Asume esa posición firme y no des un paso atrás, ni permitas un solo pensamiento contrario. Por la palabra ya tú lo tienes, y eso confiesas con confianza glorificando a Dios, pues El no puede fallar.

II. HAZ DE LA ORACION TU NEGOCIO PRINCIPAL

Y mejorarás día a día en ella. Hay una similitud entre el crecimiento físico y el espiritual. Físicamente nacemos bebé y luego crecemos. Así mismo podemos mejorar en nuestra oración según crecemos espiritualmente. Para crecer físicamente el ser humano se alimenta y ejercita. Espiritualmente tenemos que alimentarnos y ejercitarnos para crecer. Aliméntate con la Palabra de Dios. No la apartes de tu boca. Ejercítate en la oración. Saca tiempo para ello, pues ahí está tu victoria espiritual (Lucas 21:36).

III. RECUERDALE A DIOS SUS PROMESAS
(Isaías 43:25-26)

El Señor dice en Su palabra: "Hazme recordar". Esto quiere decir que traigas Su palabra delante de El en oración. Dile con confianza: "Mira Señor, lo que dice Tu palabra, recuérdate lo que Tú prometiste..." y cítales Sus promesas: "Tú dices en Tu palabra que lo que te pida en el nombre de Jesús, Tú lo harás. Señor, Tú lo prometiste, hazlo pues, ahora. Tu palabra dice que por Tus llagas yo fui sanado, por lo tanto recibo ahora lo que Tú hiciste por mí en la cruz. Cita continuamente Sus promesas y cree que fiel y verdadero es el que prometió y las recibirás. El lo dijo:

"Hazme recordar (Isaías 43:25-26), y éste es uno de los secretos de la oración eficaz.

Ora por avivamiento. El famoso evangelista C. Finney tuvo grandes avivamientos en sus campañas. El oraba con gran firmeza y confianza. Se le oía decir con gran frecuencia en su oración:

"¿Señor, Tú no me vas a decir que no vamos a tener un avivamiento en esta ciudad? ¿Tú no vas a pensar en retener la bendición? El pensaba que lo que pedía creyendo, lo tenía. Usaba los instrumentos poderosos, la espada del Espíritu, Su palabra, y el poderoso nombre de Jesús.

IV. ORACION POR FINANZAS

Todo lo que hay aquí en este mundo, Dios lo puso para sus hijos. El no lo puso para el diablo. Adán lo vendió al diablo y por eso el diablo tiene dominio, pero Jesús lo venció en Su muerte en la cruz redimiendo todo. Podemos usar Su nombre. Dios quiere lo mejor para sus hijos.

Dad y se os dará... (Lucas 6:38). Aquí es donde muchos fallan, ellos quieren que Dios les dé, pero ellos son muy mezquinos para dar. La fe es una acción. El dar es un acto de fe. Prácticamente todos los siervos de Dios que han sido usados grandemente por el Señor, han sido traídos a la situación de ser llamados a dejarlo todo por Dios. Una posición donde aparentemente no había ninguna seguridad humana. Quizás tuvieron que dejar un negocio próspero, o una profesión, o alguno de sus seres queridos fue arrebatado de repente.

Los que quieran ser discípulos de Jesús, tienen que estar dispuestos a darlo todo. Dios tiene que saber si el hombre anhela más las cosas temporales o las espirituales.

El puede demandarte que lo dejes todo, pero también te dice:

"Y todo el que dejare... (Marcos 10:29-30).

Cristo dijo que se le devolverá todo centuplicado en este siglo. Darlo todo para la causa de Dios es un acto muy sabio, si es que tenemos fe en las enseñanzas de Jesús.

Jacob tenía fe, pero era muy codicioso. Sus trampas finalmente le movieron a tener que huir y dejarlo todo para poder salvar su vida. En su huida pudo reflexionar en el resultado de sus trampas. En esa situación se quedó en Betel a pasar la noche. Ahí tuvo una visión de una escalera que subía hasta el cielo y vio ángeles de Dios que subían y bajaban. Tuvo una visión de otro mundo mejor. Esa experiencia cambió su vida. Al despertar, le prometió a Dios que de todo lo que le diera, él le daría el diezmo (Génesis 28:20-22). Ante su promesa Dios le ayudó y lo bendijo.

La gran crisis de su vida ocurrió cuando Esaú vino a su encuentro con 400 hombres para atacarlo. Esaú había sido robado por Jacob. Esa noche Jacob se la pasó en vigilia y luchó con Dios y prevaleció. Al otro día, en vez de matarlo Esaú se abrazó con él y lloraron juntos. Esaú encontró que ya no era Jacob su hermano ladrón, sino Israel, un príncipe con Dios. El dio a Dios materialmente y espiritualmente y Dios le dio a él en sobreabundancia.

Apenas yo me convertí Dios me mostró la bendición gigante que había en *dar*. Yo estaba ya predicando por las iglesias, pero aún trabajaba en la escuela como profesor. Recibía mi cheque mensual que era suficiente para cubrir todos mis gastos. Cuando en las iglesias me daban ofrendas me negaba a tomarlas y les explicaba que yo tenía mi cheque de maestro y no necesitaba esas ofrendas. Un día me visitó un varón de Dios:

—Dios me muestra que le diga, que usted le está robando al pueblo —me dijo.

Me quedé sorprendido.

—¿Cómo es posible eso? No creo haber hecho nada semejante —le contesté.

—Cuando usted se niega a tomar las ofrendas en las iglesias le roba la bendición a los hermanos, pues al ellos darle a usted, Dios les recompensa y bendice por ello. Usted ciertamente le está robando al pueblo una gran bendición —me dijo.

Me sentí muy triste y prometí al Señor no volver a hacerlo. Las ofrendas que me daban en las iglesias comencé entonces a usarlas para tirar tratados y regarlos para la obra del Señor. Entendí muy claramente la gran bendición que había en dar y comencé a darle al Señor veinte por ciento de mi sueldo mensual. ¿Cuál ha sido el resultado?

En la actualidad Dios me da para sostener como 160 programas radiales y un grupo como de treinta hermanos que laboran en el ministerio Cristo Viene. Gloria a Dios.

Luego Dios me llamó a salir de mi trabajo de profesor de escuela superior y a vivir por la *fe en Su palabra*. Apenas dejé el trabajo tuve la necesidad de un vehículo para moverme por el país, altoparlantes, equipos de película, de fotografía, y grabadoras para el ministerio de la radio que ya comenzaba. Todo esto costaba miles de dólares. Le pedí al Señor y me mostró que usara lo que tenía. Lo único que tenía era mi casa. La hipotequé y con el dinero compré todo el equipo y comencé en el ministerio pleno de evangelización, con programas radiales, películas y fotografías de sus obras. Al dar yo todo lo que tenía, Dios lo suplió todo.

Es la ley de dar y recibir (Malaquías 3:10). ¿Quieres que tus oraciones sean contestadas? ¿Quieres recibir en abundancia de Dios? Entonces *dad* y se os *dará*... (Lucas 6:38).

V. ORA POR LAS PERSONAS POR SU NOMBRE

Menciónale los nombres específicos a Dios. Recuerda que los demonios van a tratar de impedir que suceda lo que pedimos. Mantén tu posición de fe y acontecerá conforme Dios dijo. La Palabra dice: "Espera en Dios y El hará". Sucederá si tú esperas en fe, sin titubear y confesando su victoria. Lo que creemos lo esperamos con paciencia (Romanos 8:25).

En una ocasión una iglesia tenía una campaña evangelística. El pastor le dijo a los hermanos:

"Traigan escritos los nombres y apellidos de las personas que ustedes quieren que se salven en la campaña". Los hermanos trajeron escritos los nombres de esas personas y se los entregaron al pastor. En el culto de esa noche el pastor fue leyendo los nombres y al leer cada uno de ellos la iglesia hacía oración unánime reclamando su salvación en dicha campaña. Cuenta el pastor que oraron así en forma personal por dieciocho personas y dieciséis de ellos se salvaron en la campaña y los otros dos no pasó un año en que se entregaron al Señor.

Haz una lista de tus vecinos, familiares y amigos perdidos. Ora uno a uno por ellos. Cree que Dios no fallará en salvarlos.

VI. EL SECRETO DE PONERSE DE ACUERDO
(Mateo 18:19)

Esta es una promesa literal. No la limites, ni la dudes. Cristo no puede mentir. El dijo:

"Otra vez os digo, que si dos de vosotros se pusieren de acuerdo en la tierra acerca de cualquier cosa que pidieren, les será hecho por mi Padre que está en los cielos".

Es cuestión de hallar dos que estén sobre la tierra. Después que ores con otro y se pongan de acuerdo sobre lo que sea, cree que está hecho, y actúa sobre esa fe. Su palabra es verdad. Actúa sobre la palabra. Cristo dijo: "Y será hecho".

Cuando íbamos a salir para Chile en diciembre de 1976, la línea Avianca nos informó que salíamos el miércoles de Puerto Rico, pero el avión de Bogotá estaba lleno, por lo tanto tendríamos que esperar ahí hasta el jueves para entonces salir a Chile, pero el jueves teníamos compromisos importantes que cumplir allá. Oré al Señor y me concerté con los hermanos para que Dios tuviera siete asientos disponibles para nosotros en ese avión que estaba ya lleno, y así pudiéramos llegar ese miércoles a Chile. Después de orar y concentrarnos en ello creímos de todo corazón que así sería y lo repetimos en voz alta.

Al llegar ese miércoles al aeropuerto le informé a la persona a cargo en Avianca que tomaríamos ese día el avión en Bogotá. El me dijo: "Imposible, ustedes son siete y ese avión está lleno". Le contesté: "Dios no fallará".

Llegamos a Bogotá y corrimos a las personas que estaban a cargo de los trámites. Les dijimos que íbamos para Chile y que teníamos que llegar ese mismo día y estábamos seguros que habían siete asientos disponibles para nosotros en el vuelo que estaba a punto de partir. Investigaron y efectivamente habían siete asientos y en ellos nos ubicaron rápidamente. Siete personas que habían hecho reservaciones no aparecieron. Dios lo hizo. Cristo dijo: "Y será hecho". Gloria a Dios.

Tú puedes ser poderoso orando solo, pero serás más poderoso con alguien a tu lado que se concerte contigo. Dos pueden conseguir mucho más que uno.

VII. LA ORACION DE FE
(Marcos 11:24)

Esta es una oración principalmente para una situación individual, o algo que tú necesitas o anhelas. Cristo dijo: "Por tanto, os digo que todo lo que pidiéreis orando, creed que lo recibiréis y os vendrá". Cada persona debe desarrollar su propia vida de oración y su propia fe. No se puede depender siempre de otros. Una vez que pasa el tiempo de su conversión, Dios lo hace responsable de tener su propia fe. Debido a esto los recién convertidos se sanan más fácilmente que los viejos convertidos. A los nuevos Dios no les demanda tanto y se sanan por la fe del predicador.

A los otros se les demanda ejercer su propia fe. Ellos han tenido tiempo para estudiar la Palabra y desarrollar su fe. Muchos no lo hacen y por eso les resulta tan difícil recibir sanidad. Para esto Dios ha puesto pastores y maestros para alimentarles y ayudarles a crecer en la fe.

Estudia la Palabra. Conoce las promesas de Dios. Háblalas, repítelas y créelas hasta que sean parte de tu vida. Esa Palabra te impartirá la fe que nos da la victoria y vence las enfermedades.

VIII. LA ALABANZA Y LA ADORACION
(Hechos 13:2)

A veces es necesario cambiar las peticiones comunes por la alabanza y la adoración.

No todo puede ser pedir. De vez en cuando hay que tener períodos para esperar en el Señor; ministrar al Señor. El libro de los Hechos 13:2, nos dice que en una ocasión los hermanos de la iglesia en Antioquía estaban ministrando al Señor y ayunando. Son períodos en los cuales no estamos pidiendo nada, sino que le estamos adorando. Le alabamos, le decimos cuánto le amamos, le damos gracias por sus bondades. Es oración de adoración. Estamos ministrándole a El. Esto puede ser individual y también como grupo. Dios hizo al hombre para tener comunión con El. El es nuestro Padre y le gusta que le adoremos y le alabemos y le declaremos nuestro amor.

La oración de adoración puede funcionar cuando cualquier otra oración falle. Ahí ministramos al Señor, y mientras le adoramos, El puede moverse a obrar poderosamente en medio nuestro.

Cuenta un evangelista que en una ocasión un grupo de hermanos se movieron a orar por un niño que tenía convulsiones. Le oraron y reprendieron el espíritu maligno en el nombre de Jesús, pero las convulsiones no cesaron. Lo ungieron con aceite y le volvieron a orar. No hubo mejoría. La esposa del pastor dijo: "Vamos solamente a adorar ahora al Señor". Todos levantaron las manos y comenzaron a alabar a Dios y a darle gracias por sus múltiples bendiciones y a decirle cuánto le amaban. Cuando el período de adoración terminó encontraron que las convulsiones en el niño habían desaparecido. Cuando todo había fallado la oración de adoración les dio la victoria. Sería glorioso que todo culto comenzara con un buen período de adoración en el Espíritu hasta sentir que Dios ha tomado dominio de todo y va a ser el director único de la reunión.

Los problemas vienen, pero no le permitas entrar. Alaba a Dios en voz alta y cree que El disolverá el problema. Cuando Pablo y Silas fueron encarcelados y atados no se atribularon. ¿Qué hicieron? Hechos 16:25 dice: "Pero a media noche, orando Pablo y Silas, cantaban himnos a Dios; y los presos les oían". Como resultado de esto hubo un terremoto que hasta las cadenas se soltaron. Esto era típico de los primeros discípulos. Hechos 2:46-47 dice que con gran alegría, ellos comían juntos y alababan a Dios. Lucas 24:50-53 dice: Que después que el Señor ascendió al cielo los discípulos perseveraban en el templo alabando y bendiciendo a Dios con gran gozo. Adorar y alabar a Dios tiene que ser parte de nuestra vida diaria. Hay poder en la alabanza y la adoración a Dios.

En 2 Crónicas 20 nos cuenta que los hijos de Amón y los de Moab vinieron contra Josafat a la guerra. Era una gran multitud. Josafat proclamó ayuno en todo Judá. El rey oró a Dios y le recordó Sus promesas. Dios le dijo que salieran al otro día contra ellos, que El pelearía la batalla. Todos alabaron a Dios con fuerte y alta voz. Al otro día cuando el ejército salía puso a algunos que cantasen y alabasen a Jehová. Y cuando comenzaron a entonar cantos de alabanza, los enemigos se confundieron y se mataron los unos a los otros. Mientras el pueblo ministraba al Señor, Jehová manifestó Su poder. Necesitamos más servicios en que nos reunamos a alabarle y adorarle para que El manifieste Su poder.

IX. NO TE PREOCUPES

La preocupación, la ansiedad, el afán desesperado de muchos arruina sus oraciones. La Biblia lo dice claramente. En Filipenses 4:6 dice:

"Por nada estéis afanosos, sino sean conocidas nuestras peticiones delante de Dios en toda oración y ruego con acción de gracias".

En 1 de Pedro 5:7 dice:

"Echando toda vuestra ansiedad sobre El, porque El tiene cuidado de vosotros".

Pon todos tus problemas y preocupaciones en El. Esta es la oración de entrega. En esta oración ponemos sobre Cristo nuestras cargas y problemas y tribulaciones. El Salmo 37:5 dice:

"Encomienda a Jehová tu camino, y confía en El y El hará".

Jesús predijo que nadie por preocuparse podrá jamás resolver nada o añadir nada (Mateo 6:25). El añadió que no nos afanáramos por nuestra vida. Esto no quiere decir que uno no pueda planear o hacer provisión para el futuro, pero sí implica que no nos llenemos de ansiedad.

Si te afanas y preocupas anulas el efecto de tus oraciones. Si te preocupas es porque aún no has puesto la carga en El. Tú la tienes todavía. Pon todo en Sus manos. No te muevas entonces preocupándote, ni hablando de tus problemas, pues ya no tienes problemas, los tiene el Señor.

Tus preocupaciones y ansiedades te impedirán la victoria. Muchos no se sanan por esta razón. Si tú hiciste la oración de entrega, ya eso no es tuyo, es de Cristo. Cuando hables de ese problema, sólo di: "Ya no tengo problema, lo tiene el Señor. Ya no tengo enfermedad, la llevó Jesús". Alaba a Dios y vive en victoria. Pídele perdón a Dios por vivir lleno de ansiedades y problemas y por estar triste y descorazonado. Prométele no volver a preocuparte sino confiar en El.

Reconoce y cree que la batalla es del Señor y la victoria es suya. Existen problemas pero si los entregastes al Señor, no tienes ninguno. Si El los tiene no fallará en resolverlos. Cuando el diablo te traiga un pensamiento del problema, dile: "Sí, yo lo tenía, pero ahora lo tiene el Señor". Propónte en tu corazón practicar la palabra de Dios y practicar la fe y la vida será preciosa y bendecida.

X. LA ORACION UNIDA
(Hechos 4:23)

La iglesia primitiva practicaba la oración unánime. Hay gran poder en la oración unida. Ellos oraban unidos en alta voz. Alababan unidos y Dios se movía en forma poderosa. En Hechos 4:23-31, nos dice la Biblia, que cuando los apóstoles salieron de la cárcel y regresaron a los suyos y contaron lo que les había pasado, ellos levantaron las voces unánimes a Dios y oraron. Al terminar la oración el lugar tembló; y todos fueron llenos del Espíritu Santo. Cuando oremos en grupos, es glorioso presentar unánimes algunos problemas y clamar todos en alta voz por ellos. Dios no fallará en moverse.

XI. PABLO EN ORACION

La Biblia dice que Pablo hablaba bajo la inspiración del Espíritu Santo. Es pues sabio, observar sus oraciones y aprovecharlas nosotros y orar esas cosas por los demás y por nosotros.

A. En Filipenses 1:9 el apóstol oró: "Y esto pido en oración, que vuestro amor abunde aún más y más en ciencia y en todo conocimiento".

En Colosenses 1:9 él oró así: "Que seáis llenos del conocimiento de su voluntad en toda sabiduría e inteligencia espiritual". Efesios 1:17-18 el apóstol oró así: "Que Dios le dé Espíritu de sabiduría y revelación del conocimiento de El y que alumbre los ojos de vuestro entendimiento". Estas son oraciones dadas por el Espíritu y dignas de ser oradas con especial interés por los creyentes.

B. Pablo dijo en 1 Tesalonicenses 5:16-18: "Estad siempre gozosos. Orar sin cesar. Dad gracias en todo, porque esta es la voluntad de Dios".

C. 1 Timoteo 2:8 :"Que oren en todo lugar, levantando manos santas, sin ira ni contiendas".

XII. ORAR POR LOS QUE ESTAN EN AUTORIDAD

En 1 Timoteo 2:1-4, la Biblia dice que, primero que nada intercedamos por todos los hombres, por los reyes, y todos los que están en autoridad; para que podamos vivir una vida tranquila y en paz, en toda piedad y honestidad.

Fíjate que antes de orar por nuestra familia hay que orar por los que están en autoridad. Esto incluye nuestro gobierno, nuestros líderes. Incluye los presidentes, gobernadores, alcaldes, legisladores, senadores y aun la policía. Es fácil criticar, pero Dios no nos llamó a eso. Nos llamó a orar. Hay que orar muy en especial por nuestros países. Así tendremos el gobierno adecuado y habrá paz y quietud para llevar el evangelio con libertad. Si hacemos esto no podrán impedir la adoración en las iglesias y todas las puertas se abrirán.

Esto se hace con súplicas y oración intercesora. La oración intercesora es una oración por otros. Este tipo de oración puede impedir el juicio sobre las naciones y darles alguna oportunidad adicional a muchos de escuchar el evangelio. En Ezequiel 22:30-31, la Biblia nos dice que Dios buscó un hombre que se pusiera en la brecha por la tierra para que El no la destruyera, y no encontró uno. Uno sólo pudo haber salvado el país, pero no fue encontrado y el juicio cayó sobre ellos.

Es muy importante entender que Adán entregó la tierra al diablo (Lucas 4). El hace aquí lo que quiere. Es el dios de este siglo (2 Corintios 4:4). Dios sólo puede intervenir cuando los cristianos interceden y le piden que se mueva. El que no tiene es porque no pide (Santiago 4:2). La autoridad del diablo sobre asuntos en la tierra sólo puede ser vencida según los cristianos interceden a favor del país.

Cada cual es responsable especialmente de su ciudad y su país. Es muy prudente clamar al Señor en forma persistente que levante al justo y sofoque al malvado. Lo que pedimos en Su nombre, El lo hará. No es cuestión de que los cristianos se metan en política o se opongan a los gobiernos que no consideren justos (Romanos 13:1-2). Lo que ordena la Palabra de Dios es que oremos por ellos con oración profunda y persistente para que Dios los use para hacer justicia en los pueblos y gobernar con bendición. Sólo Dios es el que puede sanar nuestra tierra (2 Crónicas 7:14).

XIII. HUMILLACION DURANTE LA ORACION

En Génesis 18:27-32, Abraham intercedió por Sodoma. Note como Abraham se humilló. El dijo que sólo era *polvo y ceniza*. En Santiago 4:10 dice: "Humillaos delante del Señor, y El os exaltará". No le pidas al Señor que te haga humilde. La Palabra dice que te humilles tú. La Biblia dice que el que viene humillado, El no lo echa fuera. En 2 Crónicas 7:14, dice:

> *"Si se humillare mi pueblo, sobre el cual mi nombre es invocado, y oraren, y buscaren mi rostro, y se convirtieren de sus malos caminos; entonces yo oiré desde los cielos, y perdonaré sus pecados, y sanaré su tierra".*

Dios puede permitir cosas que te humillen, pero tú eres el responsable de hacerlo.

XIV. INSISTENCIA EN LA ORACION

En el libro del Profeta Daniel 10:2-10 nos dice: Que Daniel oró y un ángel fue enviado con el mensaje el primer día de la oración. La contestación se detuvo por veintiún días. ¿Qué pasó? En los cielos había un reino espiritual de las tinieblas y un príncipe que dominaba. Ese príncipe satánico resistió al ángel del Señor. Dios envió refuerzos y a los veintiún días el ángel pudo pasar. En todo ese tiempo Daniel insistió orando en ayuno hasta que la contestación llegó.

En Efesios 6:12 dice:

"Porque no tenemos lucha contra sangre y carne sino contra principados, contra potestades, contra los gobernadores de las tinieblas de este siglo, contra huestes espirituales de maldad en las regiones celestes".

En el reino de este mundo Satanás tiene autoridad. El diablo estableció su reino aquí en la tierra, en la esfera de los espíritus, cuando Adán se vendió a él. Contra ellos peleamos al interceder. Hay veces que *la lucha es violenta.* No te quejes, ni protestes. Lucha contra ellos y proclama tu victoria por la fe en la Palabra y el poder en el nombre de Jesús. No olvides que el que está con nosotros es más grande que los que están en el mundo. No le deis lugar al diablo (Efesios 4:27). Tú tienes autoridad sobre él. Gloria a Dios.

El reino invisible del diablo es el que gobierna realmente las naciones y resiste nuestras oraciones. Si tú insistes en la oración, Dios no fallará en darte la victoria. Espera en Dios orando, gimiendo y hablando victoria y El lo hará. En Lucas 11:5-13 nos muestra el valor de la insistencia al orar.

Esto no implica que sigamos pidiendo lo mismo hasta tener resultados. Es la insistencia de fe la que funciona. "Pedid y se os dará; buscad y hallaréis; tocad y se os abrirá". No es de buen gusto pedirle al Señor lo mismo una y otra vez de la misma forma. Si así lo haces sería una confesión de que no creíste a Dios la primera vez. Cuando vuelvas a insistir en lo que ya pediste, y sabes que Dios te escuchó, sólo recuérdale a Dios que estás esperando la contestación. Recuérdale Sus promesas y que tú crees de todo corazón que El oyó y está ya concedido. Estas insistencias de fe traerán resultados.

XV. LA AYUDA DEL CUERPO FISICO

No olvides que la oración es una guerra contra los demonios. Tú vas a pelear y tiene que pasar con tu oración a través de ellos. El cuerpo físico es de gran ayuda en la oración. En Getsemaní, la Biblia dice que Jesús sudó (Lucas 22:44). Su oración se tornó tan intensa que su cuerpo entró en la batalla en tal tensión que sudó. Nadie sudaría a menos que someta al cuerpo a movimientos intensos y continuos. Esto te muestra que mientras El oraba en profunda comunión, su cuerpo se movía poderosamente.

Cuando ores no te quedes quieto. Mueve tu cuerpo en tal forma que imparta más ímpetu a tu oración. Muévete en tal forma que transformes tu oración en una poderosa actividad de mente, espíritu y cuerpo. Todo tu ser coordinado en un poderoso esfuerzo de lucha contra los demonios. No olvides que estás peleando cara a cara contra huestes infernales. Haz tu parte y el Espíritu Santo hará el resto.

Algunos asumen su posición de adoración y esconden su cabeza bajo una almohada y ahí no se mueven ni se oye un murmullo. No le deis lugar al diablo, dice la Biblia. Esta es una gran oportunidad que le das a los demonios de dormirte. Muévete en la oración y ora que tú te oigas. Si te descuidas te dormirás y destruirás su período de oración.

XVI. AYUDA DE LOS ANGELES

La batalla de la oración es tan terrible que en Getsemaní Cristo necesitó un ángel para fortalecerlo. Si Jesús necesitó un ángel, cuánto más nosotros. En Hebreos 1:14, la Biblia dice que los ángeles son espíritus ministradores enviados para servicios. Cristo lo necesitó. Al orar pídale a Dios, en el nombre de Jesús, que envíe un ángel a fortalecerte en la oración. No estamos solos. Dios nos ha dado ayuda poderosa por medio del Espíritu Santo y los ángeles del Señor. Es sólo cuestión de pedir. Pedid y se os dará. En una ocasión yo me encerré en un cuarto a *orar en ayuno* por una campaña. Hacía un calor algo serio. Sudaba en forma muy intensa. Me sentía incómodo y estaba a punto de ceder en la batalla.

De pronto sentí a alguien detrás de mí. Era una persona que según yo oraba él decía: *"Por Jesús"*. Yo seguía orando y él decía: *"Por Jesús"*. Según seguí clamando el Espíritu Santo me mostró que era un ángel que me fortalecía. Es bíblico. Sucedió con Jesús en Getsemaní y los discípulos serían semejantes al Maestro.

La presencia de aquel ángel fue factor decisivo en la victoria en aquella batalla. Me sostuve cuatro días gimiendo encerrado en ayuno y luego en la campaña un grupo precioso de almas vino a Cristo Jesús. En aquella batalla las fortalezas del diablo fueron derribadas y bebés en Cristo fueron engendrados. Gloria a Dios.

XVII. ORACION DE DAVID

El salmista David oraba: "Vivifícame según tu Palabra" (Salmo 119:25). Para que esto pueda ser posible Su palabra tiene que permanecer en nosotros (Juan 15:7).

El evangelista F. F. Bothworth, predicaba a los 75 años de edad y estaba muy activo para el Señor. El decía: "Yo siempre comienzo el día diciendo: 'Señor, vivifícame conforme a Tu Palabra'. Para él esto implicaba depender de la *Palabra* para todo. A los 75 años estaba con buena salud. Confiaba en Dios y nunca usó ninguna medicina.

Bothworth vivió hasta los 82 años y estuvo activo en la obra de Dios hasta el final. Cuando llegó el momento de morir, él sabía que estaba cerca. El sentía en su espíritu que el Señor estaba a punto de venir a buscarle. Un amigo muy cercano voló a estar con él en la Florida. Cuando llegó el hermano estaba sentado en la cama.

Levantó las manos y alabo a Dios y dijo: "Hermano este es el día por el cual he esperado toda mi vida". "Me voy a mi hogar". Todos los días él oraba: "Señor vivifícame, según Tu palabra", y el Señor le dio vida día tras día hasta que se lo llevó con El. Bothworth murió sin una enfermedad o dolencia. Sencillamente se fue al cielo a estar con el Señor. La Palabra de Dios es verdadera no importa si la practicas o no la practicas. Algunos van a beneficiarse de la plenitud de sus beneficios. Se tú uno de ellos.

XVIII. OTROS APOSTOLES

A. Santiago 5:16. La oración eficaz del justo puede mucho.

B. Pedro dijo: "Vosotros maridos, igualmente vivid con ellas sabiamente, dando honra a la mujer como a vaso más frágil, y como a coherederas de la gracia de la vida, para que vuestras oraciones no tengan estorbo". Las relaciones con la esposa deben ser cordiales, para que en nada afecten la oración.

Añadió que para los últimos días oráramos en forma especial. (1 Pedro 4:7).

C. Juan oró así: "Amados, yo deseo que tú seas prosperado en todas las cosas, y que tengas salud, así como prospera tu alma". La palabra *deseo*, en el original griego se lee *orar*. Juan, por lo tanto dijo: "Yo oro que estéis en salud y prosperando, así como prospera tu alma. Esta Palabra fue inspirada por el Espíritu Santo, por lo tanto es el deseo de Dios para todos sus hijos. La oración de Juan concierne a tres aspectos de nuestra vida; lo físico, lo espiritual, y lo material. El oró que prosperáramos, esta es la bendición material y estuviéramos en salud, lo físico, y que prospere nuestra alma, lo espiritual. Dios desea bendecir plenamente la vida del creyente (3 Juan 2).

Ora para que Dios te prospere material, física y espiritualmente, pues esto está en la perfecta voluntad del Señor.

IXX. NO SE QUEDE EN LA TIERRA AL ORAR

Esto parece ridículo. ¿Y a dónde nos vamos a ir? Sencillamente al mismísimo trono del Padre. En la oración, no le oramos al Espíritu Santo que está aquí en la tierra con nosotros y en nosotros. Le oramos al Padre que está en el trono, y le oramos en el nombre de Jesús que está a su diestra en el trono. Si tú vas a hablar con el Padre y El está allá, entonces no te debes quedar en la tierra en la oración. ¿Qué harás? Súbete allá en oración y siéntate a sus pies y visualiza a JESUS a la diestra, y comienza a hablarle al PADRE. Háblale como alguien que cree por la fe que no está en la tierra, sino a los pies de Dios Todopoderoso en el trono, en el cielo. Dile: "Vengo aquí a tus pies a hablar contigo, en el *nombre de Jesús*, mi Mediador. Yo vengo aquí, Padre, a interceder por las almas perdidas y a reclamarlas para mi Cristo". No cedas de ninguna manera a la idea de que estás en la tierra. Habla como alguien que está en el cielo a los pies del Señor. Házlo así y los períodos de oración se volverán períodos de *profunda comunión* con el Padre y de victorias espirituales indecibles.

Allá a sus pies, gime, ora en lenguas, adórale y pídele con confianza, que todo lo que pidas al Padre en Su nombre, lo recibirás.

Cuando los períodos de oración se transportan arriba somos edificados en forma profunda y Su paz y su descanso se hace una gloriosa realidad en nuestra vida.

No te quedes en la tierra en la oración. Suba hasta el trono de Gracia y gózate en el Señor como nunca antes lo habías hecho.

Comenzaba un período de oración a las 4:00 P.M. y después de doblar rodillas le hablé al Señor así: Padre querido, vengo en el nombre de Jesús, y me postro a tus pies aquí junto al trono para adorarte y hablar contigo". Visualicé que estaba a sus pies, y comencé a interceder por las almas perdidas. Un espíritu glorioso de gemidos vino sobre mí (Romanos 8:26). Oraba en el Espíritu con gemidos indecibles, y visualizaba que estaba a sus pies y que Jesús estaba a la diestra. Al mismo tiempo empecé a orar con entendimiento en el pensamiento. Los gemidos seguían saliendo y con el pensamiento le recordaba al Señor que cada gemido era una expresión del dolor que sentía mi corazón por las almas perdidas, y le recordaba que creía que estaba como en dolores de parto engendrando hijos para Cristo (Isaías 66:8).

Era una doble oración. Gemidos en el Espíritu por las almas. Oración con entendimiento en mi mente adorándole y clamando por situaciones y personas que venían a mis pensamientos. Todo el tiempo visualizaba que estaba a sus pies y bien lejos de la tierra. De pronto el Espíritu me dijo: "Mira el reloj". Miré de reojo, pues no quería perder por nada aquella gloriosa comunión. Eran las cinco menos cinco minutos. Estaba asombrado, pero seguía adorando y gimiendo y hablando en lenguas. Recordaba que a las 5 P.M. tenía que prepararle unos alimentos a uno de los hermanos del Escuadrón que había entregado ayuno hacía unos días. No quería salir de la presencia del Señor, pero por fin tuve que decirle: "Señor, tengo que volver pues sabes la responsabilidad que me has puesto con tu hijo". Me puse de pie. Sentía un descanso tan glorioso y una paz tan indecible que parecía que estaba aún en el cielo.

Claro dijo Jesús: "Los adoradores verdaderos, adorarán al Padre en Espíritu y en Verdad; porque también el Padre tales adoradores busca que le adoren. Dios es Espíritu; y los que le adoran, en Espíritu y en Verdad es necesario que adoren" (Juan 4:23-24). Acerquémonos, pues, confiadamente al trono de la gracia, para alcanzar misericordia y hallar gracia para el oportuno socorro (Hebreos 4:16).

XX. VIGILAR

En el evangelio según San Lucas 6:12 dice que la noche antes del Señor llamar a los doce apóstoles salió a la montaña para orar, y pasó toda la noche en oración con Dios. Cuando se hizo de día, llamó a sus discípulos, y de entre ellos escogió a doce.

Había un problema importante. Una decisión clave para el ministerio tenía que ser hecha. ¿Qué hizo Jesús? Permaneció una noche entera en oración. Vigiló toda la noche hablando con Dios y buscando la perfecta dirección del Padre.

Vigilar es una actividad de gran importancia y de gran bendición espiritual en la vida del cristiano. Nos referimos a una vigilia de oración. La única actividad es orar sin cesar hasta alcanzar la bendición de Dios. El apóstol Pablo lo hacía. En 2 Corintios 6:5-6 dice, que su vida fue una de luchas y pruebas, pero también de vigilias y ayunos y en el Espíritu Santo. Esto le dio la victoria en las pruebas, y la benignidad y la paciencia para soportar todo y dar un testimonio glorioso de cristiano.

En Génesis 32:22 la Biblia nos relata que cuando Jacob lleno de temor supo que su hermano Esaú venía hacia él con 400 hombres, se apartó solo con Dios y luchó toda la noche con el ángel de Jehová hasta que conquistó la bendición. Al rayar el alba obtuvo la bendición de Dios. Fue una vigilia en batalla por vida o muerte, pero no cedió hasta conquistar la victoria. Cuando ese día se enfrentó a Esaú, este corrió a abrazarlo y se echó sobre su cuello llorando (Génesis 33:4) En una noche de vigilia Dios le dio la gran victoria.

En una ocasión fui a predicar una campaña en Ponce. Una pareja de recién casados me invitó a quedarme ese fin de semana en su hogar. Después del culto marchamos a la casa, pero al llegar allí me informaron claramente que querían que me quedara solo allí, pues la casa estaba embrujada y ellos no la habían podido vivir. Me informaron que todas las noches los demonios se manifestaban y agarraban por el cuello a la hermana. Ya ella casi estaba histérica y tuvieron que dejar la casa.

Ellos querían que yo pasara ese fin de semana en la casa y se la limpiara de demonios para volver de nuevo a vivirla, pues habían pagado el alquiler por adelantado. Acepté la encomienda y entré al lugar a eso de las doce de la noche. Iba decidido a vigilar toda la noche clamando a Dios por la liberación del hogar. Al entrar a la casa la influencia maligna era tal que los pelos del cuerpo se me levantaron en forma increíble. No había tiempo que perder. Entré al cuarto y me arrodillé frente a la cama. Oraba y alababa a Dios sin cesar. Ordenaba a los demonios que salieran en el nombre de Jesús. En ocasiones avanzaban contra mí. Parecían gente que caminaban hacia mi persona. Cuando parecía que me iban a tomar, el Espíritu Santo descendía y formaba un cerco protector a mi alrededor. No había quien pasara por ahí. Yo sentía cuando retrocedían, y entonces el poder de Dios también se desvanecía. Así pasaron horas en esta batalla. De madrugada yo sentí cuando poderes del Dios Altísimo entraron en la casa y la limpiaron. Me parecía ver multitud de ángeles atando demonios y sacándolos del hogar.

En las próximas noches dormí allí como en mi casa. Todo era paz y tranquilidad. El hogar había sido liberado, pero fue necesario una vigilia de oración para despojar al diablo de su propiedad. Cristo dijo: "En mi nombre echarán fuera demonios, pero en ocasiones, hay que insistir en la batalla y una vigilia puede ser la clave de la victoria.

Dios me ha dirigido a vigilar en innumerables ocasiones. En muchas de ellas me arrodillaba a eso de las 10:00 P.M. y comenzaba a orar y me levantaba de las rodillas a las 6:00 A.M. cuando ya había amanecido. Grandes *victorias espirituales* han sido conquistadas en esa forma y grandes experiencias con Dios han sido vividas. Cristo lo hizo, Pablo lo tuvo que hacer y los cristianos de esta época tan difícil y peligrosa, lo deben practicar con la mayor frecuencia posible, para fortalecer sus vidas espirituales.

En ocasiones es importante hacerlo solo con el Señor. Jesús mismo se apartaba a orar a solas en muchas ocasiones. Lucas 5:16 dice que El se retiraba a los lugares solitarios, para hacer oración. En Marcos 1:12, dice que, el Espíritu lo llevó al desierto, y allí estuvo cuarenta días y cuarenta noches solo con el Padre en oración y ayuno.

Aparte de las vigilias, el Señor madrugaba a orar constantemente. En el evangelio según San Marcos 1:35 dice: En la madrugada siendo aún muy de noche, se levantó, salió y fue a un lugar desierto, y se puso allí a orar. Su vida de oración era algo notorio que luego fue imitado por sus discípulos que vivieron como El vivió. Cristo dijo que sus creyentes harían sus obras y aún mayores (Juan 14:12). Para que esto se cumpla hay que vivir como El vivió. Si vivimos como El vivió, haremos las obras que El hizo. Oremos pues, como El oró y seremos semejantes a El.

Hermano, en noches de vigilia puedes poner en práctica todas las formas efectivas de oración que nos enseña la Biblia. Orar en lenguas, con gemidos, con entendimiento y creyendo y confesando victoria. Ora citando la Palabra y recordándole a El Sus promesas. Ora con lágrimas y concertándote con otro si estás acompañado y obtendrás grandes victorias en esta gran lucha contra las potestades de Satanás.

XXI. ALGUNOS NO RECIBEN CONTESTACION
A SUS ORACIONES
POR DIVERSAS RAZONES

1. Pecados sin confesar pueden ser la causa por la cual Dios no les contesta. No nos referimos a pecadores, sino a cristianos. Sin embargo, si uno encuentra que las oraciones no son contestadas, y no sabemos que está mal, entonces debemos orar como el salmista, que dijo: "Y ve si hay en mí camino de perversidad, y guíame en el camino eterno" (Salmo 139:24).

Puede ser que sea necesario hacer alguna restitución. Es bíblico hacer restitución. Cuando Cristo visitó a Zaqueo, éste dijo que daría la mitad de sus bienes a los pobres y que a los que había defraudado les restauraría el cuadruplicado (Lucas 19:8). Jesús le dijo que en ese día la salvación había entrado a su casa.

2. Los ídolos. Dios no contesta la oración de las personas que retienen ídolos en sus corazones. Hay que poner a Cristo primero que ninguna otra cosa en nuestra vida. Cualquier cosa que se pone primero que a Dios es un ídolo. Hay personas que aman más el dinero, su popularidad, su hogar, o su familia que a Dios. Esos son ídolos para El.

El Señor le dijo a Ezequiel: "Hijo de hombre, estos hombres han puesto sus ídolos en su corazón, y han establecido el tropiezo de su maldad delante de su rostro. ¿Acaso, he de ser yo en modo alguno consultado por ellos?"

3. Hay otras cosas que pueden impedir la contestación a las oraciones. No proveer adecuadamente a su familia puede ser un pecado. 1 Timoteo 5:8:

> *Porque si alguno no provee para los suyos, y mayormente para los de su casa, ha negado la fe, y es peor que un incrédulo.*

La conducta desagradable de algunos en el hogar impide que sus oraciones lleguen a Dios (1 Pedro 3:7). Permítele a Dios que busque en tu corazón y ponga su dedo en algún pecado sin confesar. Si quieres tus oraciones contestadas y milagros en tu vida, entonces confiesa y apártate de aquello que puede estar impidiendo una relación entre Dios y tú.

CAPITULO IV

CRISTO Y LA ORACION

La victoria de Cristo como humano se debió a la oración. Hebreos 5:7-8 dice:

> "Y Cristo, en los días de su carne, ofreciendo ruegos y súplicas con gran clamor y lágrimas al que le podía librar de la muerte, fue oído a causa de su temor reverente".

Y el verso 9 dice:

> "Y habiendo sido perfeccionado, vino a ser autor de eterna salvación para todos los que le obedecen".

En la oración estaba el gran secreto de su victoria. Ahí está también la victoria de todos los creyentes. Su vida es nuestro ejemplo, pues para esto fuisteis llamados; porque también Cristo padeció por nosotros, dejándonos ejemplo, para que sigáis sus pisadas. (1 Pedro 2:21). El lugar que ocupó la oración en Su vida debe ser el lugar que debe ocupar en la nuestra. Su vida entera estuvo saturada de oración. ¿Por qué no pecó? Dice que en todo fue tentado, pero sin pecado (Hebreos 4:15). Aquí podemos ver la razón principal; por la vida de continua oración de Jesús. En la oración estaba la fuerza que lo hizo resistir toda tentación. Su relación constante con el Padre, la oración, le dio la victoria sobre todo tipo de tentación. Es el secreto para la victoria personal de cada creyente en el camino de la vida.

Vemos que sus oraciones eran llenas de emoción con gran clamor y lágrimas (Hebreos 5:7-8 y Getsemaní). Eran ofrecidas al Dios que podía librarle de la muerte. Su vida de oración le dio la victoria sobre la muerte, el fruto del pecado.

La oración era lo más importante para el Señor. "Y después que hubo despedido a la multitud, subió solo al monte, a orar, y cuando ya era de noche, estaba allí solo (Mateo 14:23). En este pasaje vemos que despidió a las multitudes y también a los discípulos los hizo entrar a la barca y que se fueran delante de El a la otra orilla. ¿Y esto por qué? ¡Tenía que orar! La oración era lo primero en su vida. En el versículo 25 dice que vino a sus discípulos durante la cuarta vigilia. Eso será entre las 3 y las 6 A.M. Esto nos muestra que oró como de 8 a 10 horas en esa ocasión.

En Lucas 6:12 dice: "Se fue al monte a orar, y pasó toda la noche orando a Dios". Marcos 1:35 dice: muy de mañana, cuando todavía estaba oscuro, se levantó, y salió, y se fue a un lugar solitario, y allí oraba. Aún se negaba a sí mismo el descanso físico por orar. Su vida estaba dedicada a hacer la voluntad de Dios (Juan 4:31-34) y eso incluía la oración como fundamento principal.

Venció al peligro con la oración. Los escribas y fariseos se encendieron de ira y discutían entre sí qué podrían hacerle a Jesús. En esa ocasión El se fue al monte a orar, y pasó toda la noche orando a Dios (Lucas 6:11-12). Es en la oración que el Padre puede darnos la fuerza para resistir, y la comprensión del por qué del sufrimiento.

LA ORACION DE JESUS EN GETSEMANI

Puntos importantes a observar en esta magna oración que trajo victoria a toda la creación.

1. Propósito de la oración. No caer en tentación

El que ora habla con Dios. Tiene comunión profunda con el Padre. Al orar está comiendo y bebiendo de Dios. La naturaleza de Dios se añade a la nuestra y recibimos voluntad para rechazar el pecado.

2. Se puso de rodillas. Lucas 22:41

No implica esto que no se puede orar en otra posición, pero sí que ésta es la posición ideal. Mientras sea posible, debemos orar de rodillas. Es una posición de profundo respeto a Dios y humillación total. Es la posición típica que simboliza total rendimiento al Creador. Denota que estamos postrados y humillados totalmente a El.

Se puede orar sin embargo, en otras posiciones cuando la situación lo amerita. En ocasiones es prudente orar de pie con las manos levantadas. En actividades de ayuno cuando el cuerpo está muy debilitado no hay más remedio que orar sentado y aun acostado. El Espíritu Santo nos da testimonio que Dios acepta estas posiciones, pues en todas ellas hemos sentido la bendición del Espíritu confirmando que Dios entiende nuestra situación.

3. Total rendición al Padre

El oró pidiendo que se apartara de El esa prueba terrible, pero no como El quería sino como fuera la voluntad de su Padre. En muchas de nuestras peticiones personales debemos cuidadosamente pedirle a Dios que obre solamente conforme a Su voluntad. A veces pedimos lo que no conviene y si Dios lo permitiere nos serviría de maldición.

4. La ayuda del ángel

La Biblia dice que el ángel lo confortaba. Es lícito, pues, pedirle a Dios que nos envíe ángeles a confortarnos en los períodos de oración, especialmente cuando pensamos orar en forma prolongada. Hebreos 1:14

5. Oración en agonía

Una profundidad de acción tan terrible que sudó. Esta agonía implica que oraba con desesperación, gimiendo con todas sus fuerzas, y sin ceder por un segundo, hasta que obtuvo la victoria. Todo el cuerpo físico, su mente y su espíritu estaba en la batalla. Con todo eso, necesitó la ayuda del Espíritu Santo y del ángel. Sólo con la ayuda del Espíritu Santo podemos entrar en agonía semejante en la oración. Sólo cediendo la mente y la voluntad totalmente al Espíritu podremos lograrlo. Someta totalmente su mente a El, para que su oración sea la expresión de la mente del Señor.

Esta batalla espiritual de Cristo en Getsemaní nos muestra cuán profundas pueden ser las batallas de oración contra las potestades de las tinieblas. Para vencer hay que poner todo nuestro esfuerzo físico y espiritual. Sólo así las fortalezas grandes del diablo podrán ser derribadas.

En una ocasión oraba con el Escuadrón Cristo Viene en la casa de ayuno. Uno de los hermanos comenzó a interceder con tal profundidad que gemidos indecibles salían por su boca. Era como una agonía profunda e incontenible. Me le acerqué y comencé a interceder junto a él. Según clamábamos y la intercesión se tornó aún más violenta, noté que el hermano estaba bañado en sudor. Sentí entonces cuando el Espíritu Santo me mostró: ¡Así oró Jesús en Getsemaní!

6. Oró hasta sentir la victoria

Oró una vez y volvió por segunda vez y luego una tercera vez. No desistió hasta que no sintió que la oposición satánica estaba rota. Insistió en la oración, hasta vencer (Marcos 14:35-41, Mateo 26:37-45).

7. Ayuda de otros en la oración. Mateo 26:37-38.

En situaciones difíciles y decisivas es ideal orar con hermanos en la oración. La oración unida es siempre más poderosa que la oración individual.

CAPITULO V

LA VOLUNTAD DE DIOS
EN LA ORACION

Y esta es la confianza que tenemos en El, que si pedimos alguna cosa conforme a Su voluntad, El nos oye (1 Juan 5:14). Fíjate que podemos tener absoluta confianza en que Dios nos oye al orar si lo que pedimos es conforme a Su voluntad. El próximo versículo dice:

"Y si sabemos que El nos oye en cualquier cosa que pidamos, sabemos que tenemos las peticiones que le hayamos hecho".

El versículo establece claro que si El nos oye en cualquier cosa que pidamos, sabemos que tenemos las peticiones que le hayamos hecho.

¿Cómo podemos adquirir esa confianza, esa seguridad, esa fe? La Palabra de Dios da fe. La fe viene por el oír, y el oír por la palabra de Dios (Romanos 10:17). El Salmo 119:130 dice: La exposición de tus palabras alumbra. Cuando caminamos a la luz de Su palabra, no vamos en tinieblas.

Muchas veces al orar, oramos en tinieblas. No sabemos cuál es la voluntad de Dios y estamos sencillamente orando en obscuridad. No podemos entonces venir con confianza y seguridad. Sólo tendríamos una esperanza de que El nos oiga. Esto no es sensato.

Es mejor ir a la Palabra de Dios y ver qué dice en relación al problema que estamos enfrentando. Luego podemos *orar en fe* sabiendo Su voluntad en esa materia. Prácticamente todo lo que sería necesario que oráramos está cubierto en la Palabra de Dios.

LA VOLUNTAD DE DIOS EN
RELACION A LA SALVACION

Sabemos por Su palabra que salvar los perdidos es Su voluntad. Por eso vino Cristo y murió (Juan 3:16 y 2 Pedro 3:9). Hechos 16:31 dice: "Cree en el Señor Jesucristo y serás salvo tú y tu casa". Al orar por uno de tus seres queridos ven pues con confianza y *plena seguridad*, pues es la voluntad de Dios salvarlo. No olvides que la Escritura dice que si venimos con confianza y pedimos conforme a Su voluntad, sabemos que El nos oye y que ya tenemos las peticiones deseadas. Al tú orar por tus familiares, tienes la absoluta confianza que vendrán a Cristo. Así lo hablas continuamente y se lo confiesas al Señor y en todas tus oraciones le das las gracias a Dios por su salvación. No fallará el Señor en traerlos en su tiempo. No mires a las circunstancias, sólo cree a la Palabra de Dios y habla su victoria y ten la confianza de que vienen. No hableas nunca negativo, habla con fe. Nunca confieses derrota, sólo habla victoria y fe. Habla las promesas de Dios y las tendrás.

Una vez oraste por tus familiares y creíste que Dios lo escuchó, ya no tienes que seguir suplicando que los salve. Cree solamente que Dios te oyó y espera en fe dándole gracias por la salvación de ellos y recordándole Sus promesas, y que estás esperando que suceda. Créelo en tu corazón que Dios jamás fallará. Nunca permitas un solo pensamiento que te haga dudar de la salvación de ellos. Si viene tal pensamiento, repréndelo en el nombre de Jesús, porque tú tienes confianza, absoluta seguridad de que se salvarán, porque oraste conforme a Su voluntad. (1 Juan 5:14-15).

El evangelio de San Juan 15:7 dice: "Si permanecéis en mí, y mis palabras permanecen en vosotros, pedid todo lo que queréis, y os será hecho". Esto te muestra que para ser un guerrero de oración eficaz hay dos requisitos que cumplir.

Primero hay que permanecer en Cristo. Esto implica ser un creyente. Alguien que ha nacido de nuevo. Alguien que tiene el Espíritu Santo. El también dijo: "Y mis palabras permanecen en vosotros". Tenemos que tener un conocimiento amplio de Su palabra si queremos tener éxito en la vida de oración. Es necesario, pues estudiar Su palabra y vivirla. Si la vivimos podemos venir con confianza a Dios con cualquier petición.

Si hemos entendido claro esta poderosa promesa podemos ver que el creyente que vive en comunión con la Palabra de Dios nunca pedirá nada fuera de la voluntad de Dios. Si él conoce la Palabra, él sabe cuál es la voluntad de Dios. Todo lo que pida lo hará en la Palabra y lo recibirá.

LA VOLUNTAD DE DIOS EN RELACION A LA SANIDAD

¿Qué dice la Palabra en relación a la sanidad física? ¿Es su voluntad sanar los enfermos? Veamos algunas Escrituras para determinar Su voluntad en esta cuestión. Isaías 53:4-5 dice:

"Ciertamente llevó nuestras enfermedades, y sufrió nuestros dolores; y nosotros le tuvimos por azotado, por herido de Dios y abatido. Mas El herido fue por nuestras rebeliones, molido por nuestros pecados; el castigo de nuestra paz fue sobre El, y por su llaga fuimos nosotros curados".

Mateo 8:16-17: "Y cuando llegó la noche trajeron a El muchos endemoniados; y con la Palabra echó fuera a los demonios, y sanó a todos los enfermos: para que se cumpliese lo dicho por el profeta Isaías cuando dijo: El mismo tomó nuestras enfermedades y llevó nuestras dolencias".

1 Pedro 2:24: "Quien llevó El mismo nuestros pecados en su cuerpo sobre el madero, para que nosotros, estando muertos

a los pecados, vivamos para la justicia; y por cuya herida fuisteis sanados".

Podemos ver por esas Escrituras que sanar los enfermos es la voluntad de Dios, ya que Cristo llevó nuestras dolencias y enfermedades. Así como El compró nuestra salvación por su muerte en la cruz, así también compró nuestra sanidad. "Y por sus llagas fuisteis sanados". Cuando tenemos Su palabra bien sembrada en nuestros corazones, ya no tenemos que orar: "Señor, sáname... si es tu voluntad". Sabemos que es su voluntad y reclamamos con confianza lo que ya Cristo hizo en la cruz por nosotros. No dudes Su palabra, sino insiste en la fe proclamando tu sanidad.

Determina la voluntad de Dios para cualquier problema investigando en Su palabra. Cuando sabemos lo que la Palabra de Dios dice sobre algún asunto, entonces sabemos Su voluntad sobre ello y podemos orar con confianza y en fe. Dios nos hace responsables de esto. Cristo dijo: "Escudriñad las Escrituras... ellas dan testimonio de mí" (Juan 5:39). En ellas aprendemos Su voluntad. Una vez que sabes la voluntad de Dios, debes creer que El es fiel a Su palabra (Juan 15:7).

Es importante pues, que tengamos Escrituras relacionadas con nuestras peticiones especiales para cuando oremos, así estaremos orando a la luz de Su palabra. Una victoriosa oración tiene que estar basada y edificada sobre la Palabra escrita por Dios. Así sabemos que podemos venir a El con confianza, pues El no fallará jamás en cumplir Su palabra (1 Juan 5:14-15).

CAPITULO VI

LA ORACION Y EL AYUNO: GRANDES BATALLAS DE ORACION

No hay duda de que en ayuno, la oración se torna más poderosa. Hay problemas y obras diabólicas de tal magnitud que ameritan entrar en ayuno por días mientras se ora en forma profunda por el problema. Esto puede ser común en el ministerio del pastor y del evangelista. Puede ocurrir también en la vida de cualquier hermano y en la oración y el ayuno adecuado encontrará la victoria (lea nuestro libro El Ayuno del Señor, Ayuno de Victoria, publicado por Editorial Unilit).

Predicábamos la gran campaña en Cali, Colombia. Habían transcurrido como doce días de campaña cuando de pronto llegó una carta que nos dejó consternados. Era una orden del gobierno municipal suspendiéndonos la campaña. Al otro día publicaron en el periódico que la campaña era un fraude. Para esos días como 12.000 personas habían aceptado ya a Cristo como su Salvador y esperábamos que todo se agigantara.

Fue un golpe duro y cruel de Satanás contra miles de pobres que se reunían a buscar la bendición del cielo. No parecía posible hacer nada. Me amenazaron que si no obedecía esa orden me encarcelarían enseguida. La campaña quedó suspendida y yo proclamé ayuno y le expresé al Señor que no comería, ni bebería hasta que no me restaurara la campaña.

Parecía imposible, pero la Biblia dice: "No hay nada imposible para Dios" (Lucas 1:37). Amparados en ese versículo nos lanzamos a la batalla. Se llamó a las iglesias de Bogotá, y a Puerto Rico, y miles de hermanos comenzaron a orar.

Debilitado por la falta de agua y alimento me tiraba al piso y oraba por horas gimiendo a Dios por la campaña. Al tercer día del ayuno Dios me habló que entregara que tenía la victoria. Creí a Dios y terminé el ayuno. No sabía cómo Dios haría, pero confiaba en El. El lunes por la mañana fuimos a visitar al alcalde. Llevábamos ya dos días suspendidos. Pedimos audiencia, y no nos quiso atender. Sentí entonces ir al palacio del gobernador.

No teníamos cita, pero nos presentamos allí de todos modos. En forma sorpresiva a eso de la 1:00 P.M. el gobernador llegó al lugar y nos recibió. Llamó al alcalde y lo hizo restaurar la campaña. Los últimos días de la campaña fueron gloriosos y más de 19.000 personas aceptaron al Señor en las tres semanas de batalla. La oración y el ayuno movieron la montaña. Lo que parecía imposible, Dios lo hizo una gloriosa realidad. La derrota se tornó en honra y victoria.

Hace algunos años, Dios me llamó a una gran campaña en Caracas, Venezuela. Todo iba adelante en gran bendición. Faltaba ya poco tiempo para la cruzada cuando alguien de Puerto Rico, fue a Venezuela y dijo que yo era de la secta "Jesús solo" y otras cosas aún peores. Se formó una atmósfera terrible contra mí y contra la campaña. Ya a sólo dos o tres semanas para comenzar se iba a lanzar un decreto a todas las iglesias repudiando la campaña.

El hermano, Tito Atiles, coordinador de la campaña, me llamó por teléfono y me informó que no había posibilidad de dar la cruzada. Yo sabía que Dios me enviaba y que la campaña estaba en Su voluntad. Le dije a Tito: "Dile a los pastores que esperen unos días que yo iré a Caracas a verlos personalmente y que entonces ellos decidan". El hermano, Tito les informó y decidieron esperar a que yo fuera.

Entré en ayuno y oración y le dije al Señor: "Dios mío, Tú me enviaste a Caracas y no vas a permitir ahora que el diablo me cierre la puerta. Voy a apartarme contigo y no dejo de ayunar hasta que Tú no me des la victoria". Pasaron los días orando diez y doce horas diarias y rompiendo la obra del diablo y reclamando a Dios la victoria. Al cabo de nueve días, Dios me habló y me dijo que marchara a Caracas que tenía la victoria.

Muy delgado, y físicamente débil, marché enseguida a Venezuela. Los que me esperaban en el aeropuerto me dijeron: "A menos que Dios no venga con usted, no podrá jamás dar aquí esa campaña".

Les dije: "Dios viene conmigo y ya tengo la victoria". Estaba seguro que la oración y el ayuno habían roto ya las trabas del diablo. Esa noche me acosté a dormir y de madrugada me levanté a orar. En esa oración Dios me reveló lo que le tenía que decir a los pastores en la reunión de ese día. Anoté con gran cuidado lo que el Señor me reveló y me lo aprendí de memoria.

La reunión con los pastores comenzó muy tensa. Me dijeron: "¿Está usted dispuesto a contestarnos todas las preguntas que tenemos para hacerle?"

Les dije: "Estoy dispuesto, pero antes, permítanme decirles lo que en esta madrugada, Dios me reveló que les dijera". Se quedaron algo extrañados, pero accedieron. Les hablé entonces conforme Dios me había revelado. Al terminar, todo había cambiado. Nos abrazamos. Hubo lágrimas. Algunos me pidieron perdón por las cosas que habían hablado de mí y todos prometieron respaldar la campaña. La obra del diablo había sido rota por la oración y el ayuno.

La campaña fue una victoria gigante. Más de 14.000 almas aceptaron a Cristo y Dios obró milagros de todo tipo.

En una ocasión me trajeron a mi hogar a mi hija Doris bañada en sangre. Ella sólo era una niña de grados primarios. Había estado jugando en el patio de la Iglesia Pentecostal de mi pueblo. Se había subido a una tribuna y de allí se cayó sobre una silla que estaba abajo y que tenía una púa de madera muy aguda señalando hacia arriba. Esa púa le entró a la nena por la parte posterior del muslo. La herida era horrible y como de una pulgada y media de largo por media pulgada de ancho. Se le veían las capas de grasa a los lados de la herida. La sangre salía a borbotones. Al verla mi corazón se me quería salir del pecho. La acosté boca abajo en la cama. La hemorragia era terrible. Los hermanos me gritaban: "Corra al médico, hay que darle puntos".

Les dije: "Vamos a orar". Hermano, no dé un paso sin orar y preguntarle a Dios cuál es su voluntad. El debe dirigir nuestras vidas y debemos confiar en El en cualquier circunstancia.

Ore al Señor con desesperación. Según oraba iba sintiendo más y más confianza en Su palabra. El dijo: "Si algo pedís en mi nombre, yo lo haré" (Juan 14:14). Su Palabra dice: Y todo lo que pidiéreis orando, creed que lo obtuvisteis ya, y os vendrá (Marcos 11:24). Al orar citando Su palabra, la fe, que viene por el oír esa palabra bendita, iba haciéndome sentir más y más confianza. Por último dije: "No la muevo de aquí, el Señor la sana". La sangre salía en forma horrible por aquella enorme herida.

Entré entonces en profunda oración. Oraba sin cesar con mis manos puestas sobre su pierna. Al cabo de tres horas la hemorragia se detuvo. Seguí orando. Prácticamente amanecí en oración. Al otro día la levanté y la puse a caminar. Aunque un poco coja y con la herida abierta, la nena caminó y la herida no botó sangre. Me tuve que ir a mi trabajo de la escuela y al regresar al mediodía me reuní con la familia en una habitación en mi hogar y oramos de nuevo. Durante la oración la nena de pronto salió corriendo por la casa. Corría muy bien y me gritaba: "Papito, estoy bien, el Señor me sanó". Aleluya. Se sentía la presencia de Dios en forma gloriosa y el Espíritu Santo me habló y me dijo: "Comiste del pan, la mayor parte de mis hijos se conforman con migajas" (Mateo 15:26-27).

Los días pasaron y aquella terrible herida se fue cerrando gradualmente y quedó perfectamente cicatrizada. La oración ferviente y profunda había obrado el milagro para la gloria de Dios. La oración apoyada en Su palabra mueve ciertamente las montañas. Todo es posible para el que cree. Usa la poderosa llave de la oración para mover a Dios a sus batallas.

La oración en ayuno nos saca de lo natural y nos trae a la esfera de lo espiritual. El ayuno y la oración es para avivar todas nuestras facultades espirituales. Fortalece nuestra fe para echar fuera demonios.

Es bíblico el orar en ayuno. Pablo ayunó tres días sin comer, ni beber y Dios lo bautizó con el Espíritu Santo y le devolvió la vista. Le salvó la vida en Damasco, y luego le envió a predicar con plena autoridad.

Cristo oró en ayuno por cuarenta días y sus noches y comenzó su ministerio en el poder del Espíritu Santo.

Pablo ayunó catorce días con la tripulación del barco y se salvaron todos del naufragio (Hechos 27:33).

Cuando otros métodos fallan, la oración y el ayuno es la respuesta. Si los esfuerzos para echar un demonio fallan, entonces es el tiempo de orar y ayunar.

Una mujer evangelista muy usada por Dios en los Estados Unidos, nos cuenta que poco a poco se volvió descuidada en su vida de oración. Un día la llamaron a orar por una persona *poseída de demonios*. En una condición espiritual pobre entró al cuarto. Al comenzar a orarle notó que una sensación muy rara la envolvía. Se dio cuenta que uno de los demonios la atacaba. No pudo echar fuera los demonios, y salió terriblemente deprimida del lugar. Pasaron los días y su condición empeoró. Ella entendía lo que pasaba. Le oraban y no mejoraba. Poco a poco perdió la habilidad de pensar claramente. La tuvieron que llevar a una institución. Trataba de orar y no podía.

A pesar de su condición ella recordaba ciertos textos de la Escritura. Uno que recordó era: "Y este género no sale sino es con oración y ayuno". Comenzó a ayunar y a pesar de su condición mantuvo su ayuno en secreto para que no la obligaran a comer. Pasaron varias semanas y al ver lo delgada que se ponía, las autoridades de la institución se pusieron en vela, y descubrieron lo que pasaba.

Vinieron enfermeras y a la fuerza la obligaron a comer. Después de tantos días sin comer, su estómago no resistió y vomitó todo. En ese momento el demonio dejó su cuerpo. Su mente se le aclaró y ella comenzó a alabar y a adorar al Señor.

Cuando todos los métodos fallan, Dios nos ha dado el arma de la oración y el ayuno para mover la montaña que se nos está interponiendo. Las montañas tienen que moverse ante aquellos que oran y ayunan. Para ellos nada será imposible.

Hace algunos años fui a orarle a un joven que estaba afectado de sus facultades mentales. El pastor de la Iglesia Pentecostal de mi pueblo me acompañó. Oramos por la persona. Daba lástima verlo. Hablaba palabras fuera de toda sensatez. Después de la oración no hubo cambio aparente alguno. Volvimos a orar y se quedó igual.

Sentí arrodillarme solo y pedirle dirección a Dios. Al clamar al Señor, sentí el Espíritu cuando me dijo: "Ayuna cinco días por él". Me marché del hogar, y al partir les dije: "Llévenlo al culto que tengo en la iglesia del pueblo la semana que viene". Entré en el ayuno clamando por liberación para el joven. Hice los cinco días de ayuno y oración y el día del culto lo trajeron. Volví a orar y Dios lo libertó gloriosamente. Una semana más tarde volvió a otro culto y le dije: "Da gloria a Dios que te libertó". Me dijo: "Gracias a Dios, y a usted que ayunó por mí". Gloria a Dios por todo. La oración y el ayuno obró lo imposible.

Durante la niñez de Dwight David Eisenhower, ex presidente de los Estados Unidos, un día sufrió una caída y se le lastimó una rodilla malamente. Al otro día la condición empeoró y tuvieron que acostarlo en cama.

La mamá muy preocupada llamó al doctor. El médico examinó la pierna y dijo que no había más remedio que cortarla. El niño gritó desesperado, pero el médico dijo que mientras más esperaran peor sería la situación. La familia decidió esperar. La fiebre aumentó y la pierna empeoró. El doctor, muy agitado dijo, que ellos eran responsables de la vida del niño.

De pronto todos se recordaron de su fe en Dios, y que su pastor creía en sanidad divina por la fe. Tomaron turnos de oración orando al lado de la cama. Cuando uno se ponía de pie otro se arrodillaba. Los padres y los hermanos todos participaban. La vigilia se mantenía sin interrupción.

Al otro día el doctor retornó y al mirar la pierna notó un cambio. La hinchazón estaba cediendo. La vida de Dwight David Eisenhower fue salvada. La fe de la familia en el Dios de los milagros, y la oración sin desmayar habían logrado lo imposible.

Cristo dijo: "Orar siempre y no desmayar" (Lucas 18:1). Y en ayuno la oración se vuelve aún más poderosa y las montañas son removidas de su lugar.

Vivir sin orar es vivir sin Dios.

CAPITULO VII

DEDICAR TIEMPO A ORAR POR EL PROBLEMA

En muchas ocasiones oramos una y otra vez por un problema y no parece que recibamos contestación. A veces los problemas son de tal importancia que no parece prudente hacer una oración y dejarlo ahí. ¿Qué hacer? En casos decisivos como esos es más que conveniente dedicar tiempo a orar por el problema. Esto implica atravesar con nuestra oración a través del problema hasta recibir una seguridad de Dios de que el problema está resuelto. Una vez que tenemos esa seguridad, no es conveniente volver a orar por ello, sino más bien darle gracias a Dios y expresarle la seguridad que tenemos de que ya todo fue resuelto.

Al comenzar a orar por un problema con la intención de atravesar a través de él con la oración, debemos prepararnos para orar el tiempo que sea necesario. Es una oración en la cuál no vamos a ceder hasta que Dios no nos hable claro y nos confirme que nos ha dado la victoria. Puede que le tome varias horas. Esto puede variar conforme a la potencia de la oración, a la magnitud del problema y a la ayuda espiritual que tú recibas en el momento de la intercesión.

Cuando se ha obtenido la victoria puede que un espíritu de risa se apodere de ti confirmando que se acabó la intercesión por el problema y que éste está ahora plenamente en las manos de Dios. Puede que una visión te muestre la victoria.

A lo mejor el Espíritu te hable en alguna forma y te hace sentir la paz y el gozo sobrenatural de la victoria. Después de esto es sólo alabarlo y darle gracias y esperar tranquilo en El, sabiendo que ya está hecho.

En este tipo de batalla la oración en el Espíritu es probablemente el arma más efectiva a usar, aunque de vez en cuando hablemos victoria con entendimiento, como para reforzar nuestra fe.

En una ocasión oraba con un grupo de hermanos y a cada rato el Señor me presentaba cierto hermano para que intercediera por él. Yo oraba inmediatamente y luego seguía con otro tema. La situación se repitió tantas veces que sentí decírselo a los hermanos que oraban conmigo. Decidimos interceder los tres al mismo tiempo y no ceder hasta sentir la convicción del Espíritu de que habíamos atravesado a través del problema de ese hermano.

Comenzamos a orar unidos y seguimos todos en el Espíritu. Orábamos en lenguas sin parar. Pasó un buen rato y de pronto yo sentí una gran tranquilidad y no pude impedir que un glorioso espíritu de risa se apoderara de mí. Otro de los hermanos también comenzó a reírse. Entendimos claramente que la intercesión había terminado. Habíamos atravesado el problema y la victoria de Dios para ese hermano había sido alcanzada. Cada vez que me acordaba de él daba gracias a Dios y le alababa por la victoria.

La construcción de nuestro edificio Cristo Viene ha sido una verdadera lucha con Satanás. En uno de los cultos de oración del Escuadrón decidimos lanzarnos a atravesar el problema con la oración. Comenzamos a orar todos. A los pocos minutos Dios me dió una visión y vi un *pájaro carpintero* golpeando con insistencia el tallo de un árbol. El pajarito insistía pero sus esfuerzos resultaban casi inútiles ante la dureza de aquel tipo de madera.

Era necesario algo más violento para poder atravesar el tallo de aquella rama. Esa era nuestra situación. Habíamos estado orando, pero el esfuerzo que habíamos hecho y el tipo de oración utilizado no habían podido romper la oposición maligna. En esos instantes la oración se tornó violenta. Unos oraban en lenguas, otros gemían y lloraban. En visión pude ver cañones que disparaban y otros que vomitaban fuego por sus bocas. Ahora sí estábamos atacando las fortalezas del enemigo con armas espirituales poderosas. Nota que se oraba en el Espíritu y en unidad. Eramos como veinticinco hermanos, todos unánimes en el clamor.

Pasó alrededor de una hora y de pronto vi ante mis ojos algo como una pradera preciosa. Alguien avanzaba por el centro de aquel campo a gran velocidad. Cuando estuvo a una distancia razonable se detuvo y se puso de lado. Pude ver que era un jinete en su cabalgadura. Levantó una mano y me gritó: "Noticia, se rompieron las trabas del diablo".

Sentí el poder de Dios cuando vino sobre mí. Sentía un gran gozo. Sabía que habíamos roto la oposición satánica y teníamos la victoria. El poder cayó sobre el grupo y sentíamos la gran victoria.

Hermano, hay veces que hay que dedicar tiempo razonable a la oración, sin tregua, ni interrupción para conquistar una gran victoria. Vale la pena y Dios no nos fallará.

Pocos hombres predicaron tantos avivamientos en los Estados Unidos como el evangelista Charles G. Finney. Era un hombre de oración. Su ministerio de intercesión era poderoso.

En una ocasión regresaba de Europa en barco. Por unos doce años había estado envuelto en una serie de avivamientos que habían influenciado a América como nunca antes en su historia. Le llegaron noticias en esos días de la revolución contra la esclavitud, y él se llenó de ansiedad pensando que esa confusión iba a perjudicar el avivamiento. Cuenta, que el espíritu de oración vino sobre él ayudándole a prevalecer con Dios. Ese día no podía descansar. Su alma estaba en franca agonía. Pasó todo el día en oración en su habitación, y caminando por la cubierta del barco en intensa agonía según visualizaba la situación política del país. Se sentía aplastado con la carga que estaba en su alma. No había nadie a bordo con quien compartir.

Era un espíritu de oración que estaba sobre él como nunca antes lo había sentido. Clamaba a Dios que siguiera adelante con los avivamientos y le proveyera a él de los instrumentos necesarios. Después de un día de lucha y agonía indecibles en su alma y ya de noche, el problema se alivio en su mente. Sintió que todo saldría bien y que Dios tenía todavía trabajo especial para él hacer. Sintió que podía estar ya en descanso, pues el Señor seguiría adelante con su obra.

¿Por qué tuvo Finney que luchar en oración por un período tan prolongado? ¿Por qué no recibió de Dios la contestación enseguida? Era sencillo, había que ganar primero la batalla contra las potestades de Satanás. El diablo se oponía al gran avivamiento.

Era una hora crucial. Si el diablo hubiese podido desanimar a Finney antes de que la batalla espiritual hubiese sido ganada, entonces el avivamiento hubiese cesado, pero Finney, como Daniel, no cedió, sino que siguió la lucha hasta que Dios le confirmó la victoria. La situación fue salvada y el gran avivamiento fue de tal impacto para el 1857-58 que se estimó no menos de 50.000 convertidos en una sola semana.

Si nos mantenemos firmes en la oración, Dios no fallará en enviar la victoria. Nunca acepte fracaso, ni derrota. Aunque la contestación se atrase, no ceda, que esa contestación ciertamente vendrá. Hay un reino espiritual terrible que se nos opone. Si insistimos en la oración en el Espíritu y sin cesar, atravesaremos a través de esas potestades hasta alcanzar la gloriosa victoria.

Sin el Espíritu Santo no se puede hacer. Según tú luchas en la intercesión pídele al ESPIRITU SANTO que te ayude y no te permita ceder hasta recibir la confirmación de la victoria de parte de Dios.

CAPITULO VIII

LA ORACION Y LOS DONES DEL ESPIRITU

La operación de los dones del Espíritu Santo puede ser un factor decisivo para que la oración vaya directamente al problema y sea eficaz.

Oraba en ayuno con uno de los hermanos del Escuadrón. El se había estado sintiendo muy decaído espiritualmente por descuidos en la oración y otras fases de la vida espiritual. Oraba con él, cuando de pronto en visión apareció *una mano* que era semejante a una garra y apretaba algo con gran presión. Le grité al Señor: "Dios mío, ¿qué es eso?" el Espíritu me mostró que era la presión satánica terrible que había sobre el hermano. Ahí comenzaba la operación de los dones del Espíritu. La visión de la garra era una manifestación del don de palabra de ciencia y la explicación, el don palabra de sabiduría. Interrumpí la oración y le expliqué al hermano lo que había visto.

Comenzamos a orar reprendiendo con autoridad de Cristo, y a interceder en lenguas. Siguió un buen rato de oración intensa y al cabo de ese tiempo la visión apareció de nuevo y vi que *la garra* seguía apretando aún, pero su agarre no era ya tan firme. CRISTO lo dijo que la oración de fe mueve las montañas. Esta nueva visión nos animó a intensificar aún más la potencia de la intercesión. Al rato vino otra visión y frente a mis ojos apareció un *pajarito blanco* de lo más lindo que se pudo ver. No entendía qué significaba, pero el Espíritu me mostró. "Los pájaros son libres y se mueven solamente bajo el amparo de Dios". Entendí que la opresión satánica estaba rota y que ahora era sólo buscar una llenura del Espíritu para recuperar la condición espiritual anterior. Le informé al hermano y me dijo que ciertamente sentía la liberación.

Los períodos de oración se tornaban más intensos y prolongados y una noche vi un *florero con flores mustias*. En la visión pude ver que se caían del florero y flores blancas muy lindas aparecían en su lugar. El Espíritu Santo vino sobre mí y me dijo: "Dile que si permite que esas nuevas flores en su florero se vuelvan mustias no habrá quién se las vuelva a renovar". Era una operación del don de profecía para exhortar al hermano a permanecer firme y sin más altas y bajas espirituales (1 Corintios 14:3) Gloria a Dios.

En el séptimo día de aquel retiro espiritual, Dios me dio una última visión y vi aparecer el rostro del hermano y a su lado una bolsa de naranjas (En Puerto Rico *chinas*.) Eran bastante grandes y casi maduras. Luego al lado de la cara del hermano apareció una *botella de aceite* y una mano le quitó el tapón. Quedó destapada y llena de aceite junto al hermano. Era tipo del fruto que viene y la unción que vuelve en plenitud sobre el hermano que ha de irse a ministrar.

Después del retiro, el hermano, sintiéndose renovado espiritualmente ha estado bien firme en sus relaciones con el Señor. La oración lo hizo todo, pero la manifestación de los dones del Espíritu ayudó en forma poderosa a que la oración fuera eficaz. Por eso el apóstol Pablo dice: "Anhelad los dones espirituales..." (1 Corintios 14:1) Añade: "Procurad tenerlos abundantemente para edificación de la iglesia" (1 Corintios 14:12).

El don de discernimiento de espíritus nos muestra el espíritu operando en la persona y así podemos atacar con la oración el punto preciso para conseguir una pronta victoria. Por la interpretación de lenguas, Dios puede también mostrarnos algo sobre la situación y que así oremos en forma precisa y eficaz.

"En orden a las cosas espirituales, no quiero hermanos, que seáis ignorantes" (1 Corintios 12:1). Es la exigencia apostólica para nosotros los cristianos de este tiempo final. A cada hermano se le otorga la manifestación del Espíritu para el bien común. Para eso Dios nos ha dado el Espíritu Santo que corre como ríos de agua viva por nuestro interior. Hay diversidad de operaciones, pero el único Dios es el que obra todas ellas en su iglesia.

Los creyentes deben orar y ayunar y demandar de Dios la manifestación de los dones del Espíritu en sus vidas para que pueden llevar más fruto y ser vasos de más bendición en la iglesia del Señor.

CAPITULO IX

CONTESTACIONES ASOMBROSAS A LA ORACION

1. Es decisivo mantener una vida diaria de oración. No debe haber descuido en esto. El más ligero descuido podría costarnos caro.

En una ocasión un mercader cristiano de Armenia llevaba sus mercancías por caravana a través del desierto a un pueblo en la Armenia Turca. Habiendo sido levantado en un hogar cristiano, él había formado el hábito de orar diariamente entregándose en pleno en las manos de Dios.

Para esos días el país estaba infestado de bandidos que se dedicaban a robar las caravanas. Una de esas bandas había estado siguiendo al mercader cristiano con las intenciones de robarle en cuanto acamparan.

Esa noche, y bajo el amparo de la obscuridad, se acercaron. Todo estaba muy tranquilo. No parecía haber guardias, pero cuando se acercaron, los bandidos quedaron asombrados, pues unas paredes muy altas, que nunca habían estado allí rodeaban la caravana.

La próxima noche se acercaron y allí estaban aquellas paredes inexpugnables. La tercera noche las paredes estaban allí, pero habían brechas en ellas y por ahí los bandidos penetraron al interior.

El capitán de los ladrones aterrorizado por el misterio, despertó al mercader.

"¿Qué quiere decir esto?", preguntó. "Desde que salieron al desierto les hemos estado siguiendo tratando de robarles. La primera y segunda noche encontramos paredes muy altas alrededor de la caravana, pero esta noche hemos entrado por brechas dejadas en las paredes". Si nos dice el secreto, no le molestaremos.

El mercader le dijo: "Mi amigo, lo único que hago es orar a mi Dios todas las noches y me entrego a El y entrego todos los que van conmigo. Confío en El plenamente para librarme de todo mal, pero en esta noche estaba tan cansado que sólo hice una oración a medias. A eso se debe que ustedes hayan podido entrar".

Los bandidos quedaron tan conmovidos por tal testimonio que allí mismo todos se entregaron al Señor Jesucristo y fueron salvados. De ladrones de caravanas ellos vinieron a ser hombres temerosos de Dios. El mercader armenio jamás se olvidó de aquella brecha en la pared de oración.

La oración debe ser un hábito de vida. Diariamente debemos orar en abundancia. La oración se debe volver tan natural como la respiración. Con oración diaria y ferviente los hombres derrotan las fuerzas espirituales que obran contra nosotros y que ningún esfuerzo humano podría derrotarlas.

La oración continua mantiene a raya al enemigo y un cerco de protección es levantado alrededor de nosotros. Gloria a Dios.

2. Cuenta una madre cristiana que un día, poco antes de terminar el curso escolar, sintió de pronto un temor muy grande que entró en su corazón. Algo trágico iba a suceder. Se acordó de su niño que estaba en la escuela. "Entendí que era una advertencia de Dios y comencé a orar. Oré hasta sentir un gran alivio. Me puse de pie y di gracias a Dios".

Cuando vi a mi hijo regresar corriendo de la escuela, salí fuera de la casa a recibirlo. Me informaron que el niñito del vecino había sido golpeado por un automóvil. Mi niño tenía una expresión de asombro en su cara. Me dijo: "Mamá, ese carro debió haberme golpeado a mí también, porque yo cruzaba la calle junto al otro niño, pero algo como un viento me levantó y me sacó fuera de la carretera". Le dije que fue la mano de Dios que lo libró del peligro terrible.

Era el resultado de la oracion ferviente que atravesó a través de la trampa del enemigo para destruir el niño de la sierva de Dios.

3. Seis hermanos en la fe guiaban una noche moviéndose hacia la ciudad de Toronto. Era como la 1:00 A.M. Al entrar en un trecho muy solitario vieron una bandera blanca que hacía señales a un lado de la carretera. Pensando que había alguien herido detuvieron el auto y dieron marcha atrás hacia el lugar donde habían visto la bandera.

Dos hombres con los sombreros bien inclinados sobre los rostros se movieron hacia el carro. Ellos le pusieron los seguros a las puertas. Los hombres se pararon a ambos lados del vehículo y trataron de abrir las puertas. No se veían luces de carro alguno en la carretera. Los hombres demandaban que los llevaran a pesar de que el carro iba lleno. "Entonces oramos a Dios que nos salvara, y de pronto aparecieron dos luces muy brillantes que inundaron nuestro auto de luz y aun todo el frente del mismo. Las luces eran tan fuertes que los hombres soltaron las puertas y se pararon a mirar las luces. Nosotros aprovechamos para partir a toda prisa.

Miramos hacia atrás para ver si el carro nos seguía, pero sólo se veía la figura de los hombres, mas no había luz alguna. *"Dimos gracias a Dios por contestar nuestra oración"*.

4. Durante los últimos días de la guerra civil, el estado de Georgia, sufrió de una terrible sequía que secó todos los arroyuelos menores y los pozos de la región. No quedó fuente de agua alguna para suplir a los miles de prisioneros federales confinados en aquel campamento. Muchos tenían fiebre y la sed se acentuaba.

Esa condición existió por días. Los hombres en su delirio, hacían hoyos en la tierra en un esfuerzo desesperado por encontrar agua. Finalmente, y ya sin fuerzas ni para moverse, cayeron de rodillas y oraron a Dios que les enviara alivio.

Mientras oraban cayó un rayo que golpeó el lado de la colina. Una fuente de agua fresca y cristalina brotó al instante y los hombres calmaron la sed abrasadora que les consumía. Su oración ferviente había sido milagrosamente contestada. Gloria a Dios.

5. Cuenta una pareja cristiana que durante la última guerra mundial sus cuatro muchachos fueron llamados al servicio militar. Ambos oraron y reclamaron la promesa del Señor en el Salmo 91:11 que dice:

> *"Pues sus ángeles mandarán acerca de ti, que guarden en todos tus caminos".*

Al finalizar la guerra los cuatro regresaron completamente salvos. En agosto de 1943 recibieron carta de uno de ellos. Iban a tratar de tomar la isla de Kiska donde como 10.000 japoneses estaban bien fortificados y escondidos. La isla fue bombardeada, pero todos los lugares de entrada estaban bien defendidos. Parecía imposible entrar y tomarla.

La pareja de hermanos oraron fervientemente a Dios y le pidieron que no matara a los japoneses, pero que los sacara a todos de la isla. "Parecía algo imposible, pero creíamos que no hay nada imposible para Dios".

Abrieron la Biblia para una promesa y leyeron en Daniel 6:27 que dice: "El salva y libra, y hace señales y maravillas en el cielo y en la tierra..."

Un reportero del periódico describiendo el ataque dijo: "Como 10.000 japoneses pudieron desaparecer de la isla de Kiska sin ser descubiertos; es un milagro". Cuando los soldados americanos invadieron a las 2:00 A.M., ni un solo tiro fue disparado. Nuestro Dios es refugio y poderosa fortaleza.

6. La señora W. Gower, cuenta como por la oración, Dios libró milagrosamente a su hijo, el capitán Wilford D. Gower en Alemania, en la Segunda Guerra Mundial.

A las 2:00 A.M. ella y su hija, la evangelista Wilma Gower, fueron despertadas por un ángel, que se les apareció y las tocó, y les hizo entender que su hijo estaba en gran peligro. Comenzaron a orar por él con gran desesperación hasta que la carga de oración fue quitada. Entendieron que Dios las había escuchado y la oración había sido contestada.

Más tarde el capitán les describió lo que había sucedido. A la hora exacta en que ellas oraban, a él le dieron órdenes de reconocer un territorio para una misión especial. Hubo un error en las órdenes y él se encontró entre el fuego de cañones de americanos y alemanes. Las balas silbaban a su alrededor. Tratando de volver atrás, se detuvo cerca de un árbol y si hubiese extendido la mano hubiese podido tocar varios soldados alemanes. Ellos no lo vieron y Dios lo guió milagrosamente de vuelta a sus hombres sin un rasguño.

En los veinte meses de combate nunca recibió ni la más leve herida y regresó sano y salvo al finalizar el conflicto.

7. Durante la Primera Guerra Mundial, y para el comienzo de 1918, los ejércitos de Francia e Inglaterra estaban prácticamente derrotados.

Hablando de la crisis en el frente de guerra una de las revistas militares más importantes publicó un artículo titulado: "La caballería blanca". La revista expresó que el avance enemigo se concentraba sobre, *"Bethune"*, y que un gran bombardeo de altos explosivos y fuego de ametralladoras se habían lanzado para preceder el ataque masivo con la bayoneta, que vendría. De repente el fuego enemigo se concentró en una elevación de terreno más allá del pueblo. El terreno ahí estaba absolutamente deshabitado, sin embargo el fuego enemigo de cañones y ametralladoras lo barrió de extremo a extremo con una lluvia de plomo.

De pronto el fuego enemigo cesó y en el silencio absoluto que siguió, se levantó un clamor de acción de gracias. La densa línea de tropas alemanas que había comenzado a moverse hacia adelante en formación masiva, y hacia la victoria, se detuvo. Y mientras los ingleses observaban, de pronto tiraron las armas y huyeron llenos de pánico.

La explicación para la huida y el pánico de los alemanes se conoció por el reporte que el servicio de inteligencia obtuvo interrogando prisioneros alemanes. Uno de esos reportes vino de un oficial alemán que dijo: "Nos dieron la orden de avanzar en formación en masa y nuestras tropas marchaban cantando victoria cuando Fritz, mi teniente, me dijo: 'Capitán, fíjese en aquel terreno abierto que está detrás de *Bethune*. Hay una brigada de caballería que viene hacia adelante por entre el humo. Deben estar locos los ingleses para lanzar una fuerza como esa al descubierto. Fíjese que todos visten uniformes blancos y montan caballos blancos'.

"Extraño —dije—: Nunca oí que los ingleses tuvieron una caballería blanca. Siempre han peleado a pie y visten de caqui".

El teniente replicó: "Se ven muy claros ahora. Vea, están ya al alcance de nuestros cañones, serán hechos pedazos en poco tiempo".

"Vimos los proyectiles explotar entre los caballos y sus jinetes, los cuales seguían hacia adelante a un trote lento, y en perfecta formación. Cada hombre y cada caballo en su sitio exacto. Pocos minutos después, nuestras ametralladoras abrieron fuego y lanzaron sobre la caballería una lluvia de plomo, pero hacia adelante seguían y ni un solo hombre o caballo se caía".

"Firmemente avanzaban, se veían claros bajo un sol muy brillante, y unos pasos al frente de ellos, cabalgaba su líder. Era una figura impresionante de hombre cuyo pelo brillaba como el oro sobre su cabeza desnuda. A su lado colgaba una gran espada, pero sus manos reposaban suavemente sobre las riendas de su corcel. A pesar de la intensa lluvia de proyectiles y balas de ametralladoras, la caballería blanca seguía avanzando. Hacia adelante venían. Nada los detenía".

"Un temor terrible cayó sobre mí y me volví para huir. Sí yo, un oficial de la guardia prusiana, huí lleno de miedo. Cientos de hombres aterrorizados gritaban a mi alrededor como niños y tiraban las armas y todo lo que les pudiera impedir correr a toda prisa lejos de la caballería blanca y de su líder". "Es todo lo que tengo que decir. Estamos derrotados. Hemos sido derrotados por la *caballería blanca*... No lo puedo entender... No lo puedo entender... De la información del capitán del primer Cuerpo de Inteligencia, del primer cuartel general del ejército inglés, cuando todo parecía perdido, Dios respondió al clamor incesante de miles de creyentes que intercedían clamando a Dios por misericordia. *No te he dicho que si crees verás la gloria de Dios*".

8. En el mes de octubre de 1976, nos movimos a predicar una gran campaña en Barranquilla, Colombia. Al llegar a la ciudad llovía a cántaros. Me informaron que ese tiempo era de lluvia y que era raro el día que no llovía. Para ellos era invierno. Les dije: "Si Dios me envió, oramos y le pedimos a El que cambie el invierno por verano y no permita que nos llueva".

Fue algo maravilloso. Dios obró literalmente como lo pedimos. Fueron veintidós días de campaña. Se ponía el cielo negro. Parecía que iba a caer un diluvio, pero orábamos y se desaparecía. No nos llovió ni un día. Dios transformó el invierno en verano.

Al terminar la campaña algunos inconversos nos pidieron que oráramos para que lloviera, pues se le iban a destruir las cosechas.

9. Durante los días de la campaña en la ciudad de Jersey, New Jersey en agosto de 1976 nos anunciaron una tormenta. Conforme al pronóstico del tiempo el temporal pasaría por Nueva Jersey como a las 8:00 P.M. Por radio se prohibió salir a las personas y se anunció que los puentes y túneles estaban ya cerrados.

Oré a Dios para que me guiara y no me permitiera fallarle. Era una situación difícil. Sentí el Espíritu Santo cuando me mostró que me fuera a predicar. Salimos desde Nueva York, donde nos hospedábamos y llegamos bajo la lluvia al lugar de la campaña. Bajo capas y paraguas habían allí como 300 personas reunidas alabando a Dios.

Clamé a Dios para que retrasara el temporal y me permitiera predicar y orar por los enfermos. Dios obró en forma gloriosa. Bajo el frío y la lluvia predicamos. Al hacer el llamado once almas preciosas vinieron a Cristo y luego oramos por los enfermos y obró milagros de sanidad. A eso de las 10:00 P.M. terminamos y nos marchamos. Como a las 11:00 P.M. pasó el temporal y los árboles se doblaban ante la furia del viento.

Dios no permitió que la tormenta pasara hasta que no terminamos el culto y llevamos la bendición a los enfermos y a los perdidos.

10. Marchamos una noche a un culto en un campo de Lares. Llovió hasta que se inundaron las carreteras y los caminos. Regresábamos a eso de las 9:00 P.M. y de pronto noté que el autobús "station wagon" Chevrolet 1960 se llenaba de agua. Habíamos entrado en un trecho de carretera inundado y cuando nos dimos cuenta el agua había subido hasta los asientos. Quedamos sentados dentro del agua y ésta seguía subiendo.

El autobús se apagó. El motor estaba casi todo bajo el agua. Traté de arrancarlo, pero sólo un "clic" era la respuesta a mis esfuerzos. No parecía posible que saliéramos de aquel atolladero. El agua seguía descendiendo de las colinas al lado de la carretera y el nivel del agua en el vehículo subía. La situación era desesperante.

Oré entonces a Dios con desesperación y le dije: "Señor, cómo Tú lo vas a hacer, no lo sé, pero sí creo que Tú nos vas a sacar de aquí aunque tengan que venir ángeles a sacarnos por el aire". Seguí clamando y esperando. De pronto el Espíritu me dijo: "arráncala". Parecía ridículo probarlo. La batería, gran parte del motor, etcétera; estaba bajo el agua. Ya había tratado antes y sólo un "clic" casi imperceptible era la respuesta. Al hablarme el Señor, probé de nuevo. Fue algo increíble. El autobús arrancó en forma instantánea. La hélice del motor giraba debajo del agua. Más bien parecía una lancha de motor que un autobús. Con casi todo el motor bajo el agua y nosotros sentados en agua, el vehículo se fue moviendo lentamente hacia adelante. Yo no sabía ni lo que era carretera, pues todo era semejante a una laguna.

Corrimos en esa forma un trecho muy grande hasta que pude, bastante al frente, notar dónde aparecía la carretera. Por fin salimos del atolladero. Ya fuera de la laguna seguimos adelante rumbo a mi hogar. Dios había obrado un milagro increíble ante nuestros ojos. Lo imposible para los hombres es posible con Dios. Aleluya.

11. Para los días de la guerra civil norteamericana por la liberación de los esclavos, el general Sickles estaba herido en una habitación en Washington. Apenas habían pasado días de la gran victoria en Gettysburg.

El presidente Lincoln visitaba al general y éste le preguntó si había estado muy preocupado por la batalla de Gettysburg. El presidente dijo: "No, no lo estaba, casi todos los de mi gabinete lo estaban, pero yo no tenía temores". El general le preguntó cómo era posible esto.

El presidente Lincoln le replicó: "Le contaré como fue. En lo más crítico de su campaña ahí, y cuando todos estaban prácticamente en pánico, y nadie sabía lo que sucedería, yo me encerré en mi habitación y me arrodillé. Le oré a Dios por la victoria en Gettysburg. Le dije que era su guerra, y nuestra causa por abolir la esclavitud era Su causa. Hice un voto con Dios, que si El se ponía al lado de ñuestros muchachos en Gettysburg, yo me mantendría para El. Después de orar, una dulce sensación de seguridad llenó mi alma y sabía que el Dios Altísimo había tomado todo en sus manos y que todo saldría bien. Por eso no tenía ningún temor".

Dios no hace acepción de personas. El que se humilla y le busca le encuentra. Búscale tú. Humíllate a El y no fallará en contestar tus oraciones.

12. Era tarde en la noche. Se oyó un toque en la puerta. Un nativo susurró a la misionera: "Las gentes se han reunido. Planean matar a todos los cristianos. Ustedes serán asesinados si los encuentran. Cuando toquen los tambores será la señal para salir a matar a los cristianos. Escóndanse ustedes a tiempo.

Esto ocurría en la isla de Java en 1942. Los japoneses la habían capturado. Era la oportunidad de acabar con los cristianos.

Eran sólo cuatro mujeres y un niño en el hogar. ¿Qué podrían hacer? El único recurso era la oración. Se reunieron en el comedor y trataron de orar, pero los oídos esperaban escuchar los sonidos fatales de los tambores. Sólo Dios era su esperanza.

A la distancia sonaron los tambores. En pocos instantes una horda de hombres armados con lanzas y cuchillos se lanzaría a asesinar a los cristianos.

Oraron de nuevo: "¡Oh, Señor, muéstranos cómo orar!" Oraban y miraban por la ventana. De repente se acordaron de la oración de Eliseo: "Señor, hiere esta gente con ceguera". Gritaban al Señor desesperadas: "Ciega sus ojos. No les permitas ver este lugar".

De repente la multitud alocada apareció moviéndose por la carretera que conducía a la casa. Los corazones del grupo de cristianos indefensos parecía que habían dejado de latir. Los asesinos armados de lanzas, y gritando, siguieron acercándose a la casa. De pronto pasaron cerca de ella y ni siquiera miraron hacia el hogar.

Uno a uno pasaron y se perdieron fuera de la vista. Las oraciones fueron sustituidas con *alabanza*; ¡qué rato de gritar y clamar pasaron dando gracias a Dios por su bondad y misericordia para ellas! Cuatro mujeres y un niño habían probado que Dios es capaz de cuidar los suyos sin ayuda de nadie.

13. En la provincia de Kansu, en mayo 1942 se desató una terrible sequía y desde febrero a mayo no llovía. Las cosechas estaban casi malogradas. El gobierno había ordenado oración a sus ídolos por toda la región. La sequía siguió adelante.

En mayo, el evangelista Wong, llegó para una campaña. El pastor Ho, temía que sería inútil debido a la sequía, pero decidieron orar. La hermana Ho llena del Espíritu dijo: "Ayunen y oren por siete días; la lluvia caerá, y habrá un gran milagro; no teman". Ellos obedecieron. La gente oyó de esto y se maravillaban. Usualmente ellos culpaban a los cristianos por las sequías. ¿Enviaría el Dios de ellos la lluvia?

Los cristianos en un número como de cincuenta comenzaron a orar en ayuno. Pasaron cinco días y en la mañana del quinto día, la hermana Yang, la cristiana más consagrada y la más conocida en el pueblo, de repente cayó muerta. El Espíritu dijo que continuaran orando.

Muchos de los habitantes del pueblo oyeron y vinieron a ver. Preguntaron por qué no la enterraban, pero los creyentes siguieron orando. Pasó el quinto, el sexto y el séptimo día. Se aglomeraron las personas y demandaban el entierro. En la mañana del octavo día cuando siete días completos se habían terminado, de repente la señora Yang se levantó alabando al Señor. Las personas escucharon y vinieron muchos. Estaban asombrados al verla viva y bien. Multitudes llenaron el lugar cuando de repente nubes llenaron el cielo y la lluvia comenzó a caer. Llovió toda la noche y el día y también el próximo día. Los campos se empaparon y las cosechas se salvaron. ¿Por qué? Porque los cristianos despreciados ayunaron y oraron a su Dios. Al Dios vivo. Muchos que antes se burlaban al oír de Jesús el Hijo de Dios, ahora creyeron y fueron bautizados y llenos del Espíritu Santo y un gran avivamiento fue manifestado. Gloria a Dios.

CRISTO DIJO:

Velad, pues, en todo tiempo orando que seáis tenidos por dignos de escapar de todas estas cosas que vendrán, y de estar en pie delante del Hijo del Hombre.

Lucas 21:36

Nota: Algunos testimonios fueron tomados del libro de G. Lindsay: "Contestaciones asombrosas a la oración".

CAPITULO X

LA ORACION QUE
MUEVE MONTAÑAS

I. La fe y la oración

En Marcos 11:22-24, Jesús literalmente dijo: "Tened fe en Dios. Porque de cierto os digo que cualquiera que dijere a este monte: Quítate y échate en el mar, y no dudare en su corazón, sino creyere que será hecho lo que dice, lo que diga le será hecho. Por lo tanto os digo que todo lo que pidiereis orando, creed que lo recibiréis y os vendrá".

El día anterior de Jesús hablar estas palabras, El había hecho el viaje de Betania y al ver una higuera a la distancia se detuvo a buscar fruto en ella. Encontró que sólo tenía hojas. Entonces El lanzó aquella terrible sentencia diciendo: "Que ya jamás nadie coma fruto de ti".

Los discípulos escucharon lo que El dijo. Miraron el árbol pero no había evidencia de que hubiese pasado algo. El follaje estaba aún tan verde como antes. Pero al pasar al otro día por el lugar, miraron y se quedaron asombrados al ver que las hojas se habían secado. Pedro dijo: "Maestro, mira, la higuera que maldijiste se ha secado" (Marcos 11:2). Ahí fue que el Maestro hizo la solemne declaración que con fe en Dios se movían las montañas.

¿Qué fue lo que realmente le sucedió a la higuera? En el preciso momento en que Jesús habló la Palabra, la higuera se murió. Sólo requería un tiempo para que los resultados se manifestaran. Aquí tenemos otro secreto vital en la oración. El creer, tenía que venir antes de recibir, en la oración. Jesús dijo: "Por tanto, os digo, que todo lo que pidiereis orando, creed que lo recibiréis y os vendrá". No es creer que lo recibiremos en el futuro. Eso sería negar que ya Dios ha contestado la oración y que El ha cumplido Su palabra. Tenemos que creer que ya lo tenemos, aunque en ese momento no haya ni la más mínima evidencia de un cambio. Hay que creer que la contestación viene en el momento en que hacemos la oración de fe, aunque aún sea invisible al ojo natural.

Debemos alabar a Dios y darle gracias porque lo tenemos ya, aunque aún no lo veamos. Jesús alabó a Dios frente a la tumba de Lázaro, creyendo en su resurrección, cuando aún éste estaba en la tumba. Tenemos que creer que tenemos la contestación sencillamente porque la palabra de Dios dice que tenemos la contestación. Esta es la suprema revelación que Jesús nos dejó concerniente a la fe. Lo que vemos o sentimos con nuestros sentidos naturales no tiene que ver nada con el asunto. Si creemos, lo invisible se volverá visible, y lo visible se volverá invisible. Los síntomas tienen que desaparecer así como las hojas verdes de la higuera se secaron.

Este es el secreto de obtener lo que necesitamos de Dios. Lo recibimos, no porque lo merezcamos, sino por la fe. La fe nunca mira a las condiciones. La fe nunca mira los síntomas, sino que está indiferente a ellos, los rechaza, no los considera. La fe no depende de nada que los sentidos naturales puedan discernir. La fe fue la que creó al mundo de la nada. La fe es verdaderamente fe cuando no ve nada.

Cuando la contestación viene, ya no es fe, sino vista (El resultado de la fe.) La fe sólo demanda una cosa, que descanses en la Palabra de Dios. "Todo lo que pidiereis orando, creed que lo recibiréis y os vendrá".

En una ocasión me puse ronco en una forma tan terrible que no podía hablar nada. Estaba literalmente mudo. Era una especie de espasmo y los tejidos de la garganta no respondían de ninguna manera. Apenas era el primer día de la semana, y el sábado de esa semana tenía un compromiso de predicación. No parecía posible que pudiera predicar, pero en mi corazón gritaba:"Predico con voz de trompeta ese sábado".

Hablaba por señas. El pastor de la iglesia con la cual tenía el compromiso me visitó. Por señas le dije que estaría el sábado con ellos. El me miraba como el que pensaba cómo sería eso, pues no podía hablar una palabra.

Entré en ayuno y oraba sin cesar en mi mente. Reclamaba a Dios por la fe en la obra de Cristo en la cruz. Sólo confesaba victoria. Sólo pensaba que el sábado predicaría con voz clara.

Pasó la semana y llegó ese sábado. No podía aún hablar ni una sílaba. Marché a la iglesia esa noche y me senté en el altar. El pastor me miraba asombrado. Puso un vaso de agua en el púlpito y le hice señas que lo quitara. ¿Qué pensaba hacer? No podía hablar. ¿Estaba loco? Sólo creía que estaba sano por la fe en la Palabra de Dios. En mi mente decía: "Cuando me pare en el púlpito saludaré y la voz saldrá clara".

Llegó el momento del mensaje. Me entregaron el culto. Me puse de pie y tomé el micrófono. Abrí mi boca y traté de saludar. La voz salió clara: "Amados hermanos y amigos..." Estaba sano. La oración de fe había obrado el milagro.

Una noche comenzaba una campaña en el pueblo de Florida en Puerto Rico. Me había atacado una especie de influenza. Ardía en fiebre y la irritación en la garganta era horrible. Pero mi boca sólo decía: "Estoy sano. Por Sus llagas yo fui sanado. Predico con voz de trompeta esta noche. El diablo es un mentiroso. Cristo llevó sobre su cuerpo mis enfermedades y yo soy libre". Sólo hablaba victoria y oraba sin cesar.

Partimos a la campaña. Mi esposa guiaba el automóvil y yo iba tirado en el asiento de atrás ardiendo en fiebre y temblando de escalofríos. La irritación en la garganta era tan terrible que casi no podía hablar. Oraba y decía: "Estoy sano. Me sanaste en la Cruz". Llegamos a Florida. La campaña era al lado de la iglesia al aire libre. El devocional había comenzado y los hermanos cantaban. En vez de irme al culto entré a la iglesia. Me arrodillé en el altar y dije: "Señor, estoy sano por Tu palabra". En ese momento el Espíritu Santo descendió como una nube y me envolvió. Me saqué un ¡aleluyaaaaaaaa! que tembló el templo. Quedé nuevo. Todo síntoma desapareció. Conforme había creído fue hecho. Primero creí y la oración de fe se volvió una realidad.

Sin fe es imposible agradar a Dios. La oración sin fe se vuelve vana palabrería. Sería una conversación inútil, pero si crees en tu corazón y hablas victoria y sostienes esa confesión de fe sin titubeos, ni alternativas, ni dudas, lo que pidas lo recibirás.

En una ocasión mi hija Doris, sintió un dolor terrible en el lado derecho del estómago. Tenía para esa época como siete años de edad. La piernita se le puso rígida. Tenía fiebre. Estaba tirada en la cama en terrible sufrimiento. Le dije a mi esposa: "Son todos lo síntomas de apendicitis. ¿Crees que Jesús puede hacerlo?". Ella me dijo: "Seguro que creo". No era fácil para nosotros. Cuando es cuestión de uno mismo quizás es más fácil, pero cuando son los hijos el asunto, se pone más difícil. De todos modos hay que creer que Cristo es fiel y verdadero, y honrarlo con nuestra fe en lo que El hizo en la cruz.

Oramos por la nena y reclamamos al Señor el cumplimiento de Su palabra. Al ratito la niña se durmió. Estuvo varias horas dormida. Cuando despertó no sentía dolor alguno, ni síntomas. Le dije a mi esposa: "Envíala para la escuela que el Señor la sanó". Así lo hicimos. Allá se gozó jugando con los niños. Jamás volvió a darle un síntoma. Gloria a Dios. La oración de fe mueve las montañas.

Algunos en cuanto sienten el síntoma corren al médico. No juzgo, ni critico a nadie, pero la Biblia dice: "La oración de fe sanará al enfermo y el Señor lo levantará (Santiago 5:15). Esa era la fe de la primera iglesia y Cristo no ha cambiado. Yo creo que Jesús y Su palabra son más confiables y seguros que la ciencia del mundo. Ya El lo hizo en la cruz y eso es para sus hijos.

II. La fe del grano de mostaza

Muchos creen que la fe para mover las montañas, no se puede obtener. Sin embargo esta fe no es algo fenomenal, sino más bien una fe persistente, una fe que se sostiene y que no se debilita bajo las pruebas. Es una fe que rechaza el testimonio de los sentidos naturales y mira a la Palabra de Dios como la única evidencia suprema de que algo es verdad o no. Así es la fe sencilla del grano de mostaza, que Cristo dijo que era suficiente para mover montañas.

En Mateo 17:20 Jesús dijo:

"Si tuviereis fe, como grano de mostaza, diréis a este monte: Pásate de aquí allá y se pasará; y nada os será imposible".

Un grano de mostaza se siembra en la tierra y si al otro día se saca, encontramos que no ha habido cambio en él. Lo volvemos a observar una semana más tarde y notamos que a lo mejor ha habido muy poco cambio. Sin embargo, algo está, sin duda alguna sucediendo, que producirá el árbol de mostaza. El movimiento es microscópico, pero real. No lo vemos, pero está sucediendo de todas maneras. Pasan días y finalmente una plantita muy frágil se abre paso a través de la tierra. Más y más alta se va poniendo según pasa el tiempo. Este crecimiento no cesa hasta que la voluntad de Dios para la planta de mostaza se alcanza y las aves del cielo pueden anidar en sus ramas. No es una fe espectacular, pero es una fe inconmovible, una fe que no cede. Es la fe que Cristo dijo que movería las montañas.

Algunas personas siembran su semilla de mostaza y entonces la sacan de nuevo para examinarla. Confunden la fe de la semilla de mostaza con la fe instantánea.

Después que han sembrado la semilla de lo que esperan, retornan en breve a examinarla. Al encontrar que los cambios no son los que esperaban, creen que no ha sucedido nada. Dicen: "Aún estoy enfermo. Mis síntomas están aún ahí. No fui sanado". Al confesar el fracaso ellos arrancan la semilla de su fe. Aceptan la derrota cuando la victoria venía en camino. La semilla, sin duda alguna comenzó a crecer en cuanto la sembraron, pero su fe les falló. Creyeron que la semilla se volvería un árbol de la noche a la mañana. Cuando esto no sucedió, se conformaron con la derrota.

Cristo dijo: *"Si tan sólo puedes creer, todo es posible para el que cree". Espera en Dios y El hará;* dice Su palabra.

Para los primeros días de mi ministerio estaba predicando una campaña y sentí un terrible dolor de muelas. Oré de todo corazón y reprendiendo el espíritu de enfermedad en el nombre de Jesús, el dolor se fue al instante, pero la carie se quedó allí. Oré de nuevo y le dije al Señor: "Lléname esa muela. Empástala con el material que Tú quieras". La carie se quedó igual, pero yo creí que estaba hecho. Al otro día la carie estaba aún ahí, pero yo dije: "Gracias, Señor que la llenaste ayer. Muchas gracias que lo hiciste". La carie siguió ahí, pero día tras día yo confesaba que estaba arreglada. Pasaron como dos años y día tras día yo seguí confesando que el Señor la había llenado. No creía por lo que veía sino por la fe en Su palabra que dice que lo que pido creyendo será hecho.

Una madrugada fui despertado cuando alguien entraba a mi alcoba. Al mirar pude ver que era el Señor. Se acercó y se paró a mi lado. Me abrió mi boca con sus manos y sentía cuando comenzó a trabajar en la muela. Cuando terminó se marchó y yo busqué con mi lengua y la carie había sido empastada. Luego me levanté y miré con un espejo y vi que la carie estaba llena con una substancia gris.

Esperé en Dios creyendo y confesando la victoria por la fe en Su palabra y fue hecho. Fiel es el Dios que prometió. Gloria a Dios.

CAPITULO Xl

UN AVIVAMIENTO

Es tiempo de clamar por un avivamiento. Oremos a Dios como el profeta Habacuc, diciéndole: "¡Aviva Jehová Tu obra en medio de los tiempos, en medio de los tiempos hazla conocer! (Habacuc 3:2). Hermano, es la gran necesidad de la actualidad.

¿Qué es un avivamiento? Es una visitación de Dios en la cual El imparte por Su Espíritu nueva vida a Su pueblo y da vida a los que están en pecado. Un avivamiento es nueva vida procedente de Dios. ¿Para qué necesitamos un avivamiento?

1. Para que muchos ministros sientan un nuevo amor por las almas y entre en ellos un anhelo de conducir las gentes a Cristo. Que muchos de ellos reciban un nuevo amor por la Palabra de Dios y una fe viva en ella. Que muchos de ellos reciban potencia de predicación.

2. Para que multitud de cristianos sean apartados del mundo y sean lanzados a vivir en profunda consagración con Cristo. Que multitud de ellos reciban un nuevo espíritu de oración, cosa que la oración deje de ser un deber y se vuelva la necesidad de un corazón hambriento de Dios. Que reciban un deseo ferviente de ganar las almas perdidas. Que los creyentes hablen de Cristo en todas partes y su única conversación sea Cristo. Que su único regocijo sea Cristo y entre en ellos un nuevo amor por la Palabra de Dios.

3. Para que se produzca una profunda "convicción de pecado en los inconversos" (Juan 16:7-8). Si no se produce

94 / LA CIENCIA DE LA ORACION

convicción de pecado en las personas no sería un verdadero avivamiento. Que multitud de pecadores sean convertidos y regenerados.

4. Necesitamos ese avivamiento en esta época más que nunca, ya que muchos llamados ministros y maestros de la Palabra son escépticos. No son dados a la oracion y al ayuno y lo menos que tienen es amor a las almas.

5. La condición doctrinal de muchas iglesias no es muy buena. Muchos no creen en sanidad divina, ni en el bautismo del Espíritu Santo, ni en santidad interna y externa. La mundanalidad es notoria en multitud de llamadas iglesias de Cristo. La codicia del dinero impera en los miembros. Hay gran descuido en la oración y el ayuno. Se lee muy poco la Palabra de Dios, pero se lee mucho el periódico, las novelas mundanas y otra literatura inútil y pervertida. ¡No hay tiempo para testificarle a los perdidos, pero hay tiempo para la televisión por horas, e ir al deporte, a las playas y a los hipódromos!

6. El mundo está cada día más pervertido. Se legalizan los divorcios y los abortos. Predomina la prostitución y la homosexualidad. La literatura y los cinematógrafos están corrompidos, pero son permitidos. El arte se vuelve indecente. Se mata por dinero, o por cualquier causa. Todos los medios de comunicación anuncian todo tipo de vicio. El único remedio para toda esta depravación e inmoralidad es un *avivamiento*. Esto detendría la corriente de inmoralidad. Sólo potencia del Espíritu de Dios puede derrumbar la multitud de falsas doctrinas imperantes en la actualidad.

¿Qué hacer? Hay que orar y orar y orar y ayunar hasta que venga el Espíritu de Dios y avive Su pueblo. El avivamiento de Pentecostés tuvo su origen en la oración. El grupo de los 120 oró hasta que cayó el poder y llenó la iglesia.

Es necesario clamar a Dios para que nos dé un Espíritu de oración y ayuno para que podamos clamar por horas con almas angustiadas y con gemidos indecibles y en lenguas, y en profunda agonía por los perdidos y por la condición de la iglesia actual. ¡Dios mío, Dios mío, que venga sobre mí el Espíritu de oración y que pueda influenciar a otros! Debe ser el clamor constante. Debemos clamar día y noche, en vigilias y en madrugadas pidiendo poder.

Es menester que las iglesias y grupos cristianos se reúnan para pedir a Dios lluvia de bendición. Lo único que se necesita para encender el fuego es la oración, preferiblemente en ayuno, ferviente e incesante del pueblo de Dios. Orad sin cesar. Orando siempre en el Espíritu. Así lograremos el avivamiento que necesitamos.

Para los días en que yo trabajaba aún de profesor en la escuela superior de Camuy, sentí invitar los jóvenes a orar conmigo al mediodía en los bajos de mi hogar. Salíamos de la escuela a las 11:30 A.M. y corríamos a clamar a Dios. Nos perdíamos el almuerzo, pero orábamos como hasta las 12:45 P.M., luego retornábamos a la escuela.

Día tras día el grupo como de cuarenta o más jóvenes, seguíamos orando. De pronto el Espíritu Santo comenzó a manifestarse y muchos recibían el bautismo del Espíritu. Era glorioso que jóvenes que nunca habían visitado una iglesia venían y eran llenos del poder y regenerados en forma gloriosa por Dios. Algunos que estaban jugando en las canchas oían una voz que les decía: "Ve al sótano del hermano Yiye". Dejaban el juego y venían a la reunión y eran bautizados por el Espíritu en forma gloriosa. Los dones del Espíritu se manifestaban. Multitud de jóvenes se convirtieron. Algunos son ahora creyentes fieles en las iglesias y muchos predican al Señor. Fue un precioso avivamiento provocado por un grupito de jóvenes que se dedicaron a orar día tras día clamando a Dios por Su bendición.

Si todas las iglesias cristianas comienzan a orar de madrugada, día tras día, pidiendo a Dios por un avivamiento, y establecen cadenas de ayuno semana tras semana, no fallará Dios en derramar lluvia sobreabundante del poder. Es necesario que por lo menos a las 5:00 A.M. los hermanos estén en sus iglesias clamando por el avivamiento que necesitamos.

Vaciando sus corazones delante de Dios. De 5 a 7:00 A.M. por lo menos cada congregación debe estar en clamor. De ahí los hermanos pueden salir a sus trabajos o retornar a sus hogares. Es la única esperanza para los tibios en las iglesias y los muchos seres queridos que están perdidos. Es la única esperanza para un mundo en crisis. De la iglesia actual depende el avivamiento que necesitamos. Pastores, despertad al llamado de Dios. Evangelistas, siervos todos, despertad que Dios nos hace responsables de dar la batalla para que el Espíritu caiga sobre toda carne y millares escapen antes de que la ira de Dios sacuda los pueblos. Unámonos a clamar y veremos la gloria de Dios.

Ya no es tiempo de perseguirnos y criticarnos los unos a los otros, sino de unirnos a clamar a Dios por un poderoso avivamiento que traiga a millares a los pies de Cristo y caliente a los miles de tibios en las iglesias que están a punto de ser vomitados por la boca del Señor. Unámonos y entremos en el avivamiento.

CAPITULO XII

INTERCESION

Existe un ministerio de intercesión, Cristo fue el intercesor por excelencia que se dio a sí mismo por toda la humanidad, no sólo orando por nosotros sino dando hasta la última gota de sangre por el pecador. Todos los creyentes de Cristo estamos llamados a interceder. Los discípulos serían semejantes al Maestro. Seríamos sacerdotes de Dios y de CRISTO (Apocalipsis 20:6). Seríamos como El, que intercede siempre por nosotros a la diestra del Padre.

Los intercesores pelean contra Satanás por lo tanto no lo pueden hacer con armas carnales. Necesitan la investidura del poder de lo alto (Hechos 1:4-8). El mismo Espíritu Santo es el que intercede a través de los santos de este mundo pervertido, por lo tanto los creyentes tienen que ser llenos del poder para ser intercesores del Dios del cielo (Romanos 8:26-27).

Muchos convertidos se van atrás, por lo tanto es menester que las iglesias adoctrinen a los creyentes en el ministerio de la intercesión. Los intercesores ayudan a los nuevos convertidos a perseverar y a moverse a través de la victoria. Las iglesias necesitan sentir el gozo de la salvación, pero también necesitan la investidura del poder de lo alto para el servicio de la intercesión. El Espíritu Santo tiene que tomar control total del creyente para ello.

Es necesario doctrinar los hermanos en la ciencia de la intercesión y luego hacer reuniones de MADRUGADA y a otras horas adecuadas para ejercitarse en la intercesión. Ahí está la vida de la iglesia y una seguridad de constante creci-miento espiritual y material.

El intercesor tiene que negarse a sí mismo. Negar el yo y la voluntad propia es decisivo para un ministerio de interce-sión poderoso. Hay que clamar a Dios para que el Espíritu Santo nos hale a través de estos dos escollos. Sólo El puede hacerlo por la fe en Cristo.

La vida de oración tiene que ser guiada por el Espíritu. La oración efectiva es la que es guiada por el Espíritu. Es necesario que el amor del Salvador esté en nosotros por medio del Espíritu Santo para que podamos interceder con eficacia. Hay que sentir amor sobrenatural por lo que interce-demos para que podamos obtener plena victoria.

Los intercesores debemos orar por horas diarias en plena posesión del Espíritu Santo y en oraciones guiadas hacia propósitos específicos hasta sentir contestaciones definidas de plena victoria. El intercesor tiene que estar dispuesto a sentir el sufrimiento de los que son objeto de la interseción. Pueden ser las almas perdidas, o los enfermos, pero es me-nester que sintamos su tragedia, profundo en nuestro ser para que así podamos interceder con gemidos y lágrimas que muevan a Dios a romper todo yugo satánico. El Salvador tomó el lugar de los pecadores. Así también el intercesor tiene que tomar el lugar de los oprimidos. El amor del Salvador tiene que manifestarse a través de nosotros hacia ellos.

Una de las grandes batallas del intercesor es la del amor a los alimentos. Esto tiene un gran agarre en multitud de cristianos y tiene que ser desarraigado, ya que Dios nos llama en incontables ocasiones a interceder en ayuno por los opri-midos para romper los yugos de Satanás (Isaías 58:6). Hay que sacar del corazón el deseo del alimento. Hay que arrancar de raíz la ansiedad de la comida. Si lo pedimos y lo anhelamos con sinceridad. El Espíritu Santo, no fallará en hacerlo para que seamos intercesores eficaces para Dios.

El hermano Rees Howells, uno de los más grandes interce-sores que ha existido, cuenta que en su hogar él vivía muy

cómodo con cuatro comidas al día. En su llamado a interceder, Dios le reclamó que redujera a sólo dos comidas al día y
en cada comida una cantidad muy moderada de alimento.
Dice el hermano que no fue fácil para él lograrlo, pero cuando
en su corazón se decidió a ello, y se puso en manos del
Espíritu Santo, el Señor le cambió el apetito en tal forma que
en poco tiempo él prefería esas dos comidas al día, a las
cuatro anteriores. El deseo de la comida le fue arrancado en
forma sobrenatural, y su salud fue mejor que nunca antes en
su vida. Su ministerio de intercesión se agigantó y consiguió
victorias increíbles para la gloria de Dios.

El intercesor tiene que permanecer en Cristo. En permanecer en Jesús está el secreto de sus victorias (Juan 15:7).
Esto implica caminar como El caminó. Es estar dispuesto a
permitirle al Espíritu Santo que viva a través de nosotros la
vida que el Salvador hubiese vivido en nuestro lugar. La
forma de permanecer es guardando Sus mandamientos (Juan
15:10). Para esto es menester tener un tiempo especial diario
para permanecer delante del Señor, cosa que el Espíritu Santo
pueda hablarnos y revelarnos todo lo que es menester hacer
o quitar en relación a nuestras vidas. Es necesario obedecer
todo lo que el Espíritu nos muestre.

Es como el árbol y las ramas. Sólo las ramas que permanecen en el árbol llevan fruto. Las que se separan se secan y se
mueren. Hay que permanecer en Cristo, en plena obediencia
para poder ser un intercesor victorioso. Es una vida de profunda comunión con Dios y de negación propia para que las
victorias estén aseguradas.

¿Qué es un intercesor?

Es uno que en la oración toma el lugar de aquél por el cual
se ora. Hay tres cosas que tienen que estar en el intercesor
que no están en la oración común: Identificación, agonía y
autoridad.

1. La identificación

El intercesor se identifica con aquellos por los cuales él
intercede. Cristo lo hizo. El derramó su alma hasta la muerte

y llevó El mismo el pecado de muchos y oró por los transgresores. El se sentó donde estamos nosotros sentados. La identificación es la primera ley del intercesor. Literalmente y hasta el máximo posible, el intercesor tiene que ponerse en el lugar de ellos. El Espíritu Santo es el que intercede por nosotros con gemidos indecibles y en lenguas y con lágrimas y con oración llena de sabiduría. El pone las cargas en nuestros corazones y sufre y trabaja a través de nuestros cuerpos en los cuales vive. Somos intercesores debido al Intercesor en nosotros.

Antes de que el Espíritu Santo nos pueda guiar a una vida de profunda intercesión, primero El tiene que tratar a fondo con todo lo que es natural en nosotros. El amor al dinero, las ambiciones personales, el afecto natural a los familiares, los apetitos de la carne, incluyendo la comida y el sexo, y aun el amor a la vida misma. Todo lo que nos haga vivir para nosotros mismos, para nuestra propia comodidad o ventaja, o para nuestro círculo especial de hermanos tiene que ir a la cruz. No a un cambio superficial, sino a una crucifixión real por Cristo. El yo tiene que desprenderse. Tenemos que despojarnos de nosotros mismos y volvernos el instrumento del Espíritu Santo, uno tienes que unirse con el Espíritu para pelear primero contra ti mismo, para que luego puedas pelear con efectividad contra el diablo.

Esto se puede ver con claridad en las Escrituras. Observa a Moisés, el intercesor, dejando el palacio voluntariamente para identificarse con sus hermanos en la esclavitud. Luego ofreció hasta su propia salvación por ellos cuando dijo a Dios: "Si destruyes ese pueblo, bórrame a mí de tu libro".

Interceder significa literalmente "mediar o interponerse". El intercesor es el que se interpone entre Dios y los que merecen su justa ira y castigo. El intercesor levanta la mano a Dios y le dice: "Dios mío, ellos merecen tu juicio; tienes todo derecho para herirlos; pero yo me paro en la brecha por ellos y si los hieres tendrás que herirme a mí primero porque yo estoy entre Tú y ellos". El intercesor permanece firme entre Dios y el pueblo y gime y llora por ellos y por nada se hace a un lado.

El intercesor debe poner una importancia grande en la reputación de Dios al interceder (Exodo 32:14). En Números 14:11-19 se ve la misma actuación. El interés del intercesor no debe ser su propia reputación o fama, sino la gloria de Dios en la tierra. Debe recordarle a Dios Su Palabra.

El intercesor se interpone entre Dios y el objeto de su justa ira (Salmo 106:19-23). Moisés se puso en la brecha que había hecho el pecado del pueblo de Dios y levantó vallado diciendo: "Tu castigo no puede llegar a ellos sin que antes caiga sobre mí".

En Números 16 hay otro ejemplo glorioso de intercesión. Moisés y Aarón intercedieron. Después de la rebelión de Coré, el pueblo se volvió contra Moisés y Aarón y los culpaban por el incidente. Dios lanzó juicio y cayó terrible mortandad sobre el pueblo. (Versos 46-48). Aarón corrió con un incensario y se puso entre los muertos y los vivos; y cesó la mortandad. La intercesión fue urgente. Moisés le dijo a Aarón: "Ve pronto". Aarón corrió. Cada momento de demora cuesta vidas. Era algo contagioso. Una plaga. Aarón se expuso al contagio, arriesgando su propia vida. Se puso entre la muerte y los que merecían morir, ofreciendo el humo fragante del incensario, tipo de la oración, hasta que cesó la mortandad.

Hoy en día es cuando más necesidad de intercesores hay, pues la maldad se ha multiplicado en forma terrible y profunda. La verdad del evangelio se lleva al pueblo por radio, por televisión, libros, revistas, cintas grabadas, películas, etcétera. Eso hace la situación más grave ya que los juicios caen en proporción a las oportunidades recibidas. Entre más oportunidades haya dado Dios más terribles serán los juicios sobre la humanidad.

Todo intercesor debe tener:

a) Una convicción absoluta de la justicia de Dios. Debe creer que Dios es justo y jamás se encontrará injusticia en El.

b) Debe tener un interés profundo en la gloria de Dios. Reclamar todo para que Dios sea glorificado como El merece.

c) Debe tener un conocimiento íntimo de Dios y una confianza profunda con Dios. Debe ser una persona que pueda pararse delante de Dios y hablarle con toda franqueza, aunque con todo respeto.

d) Debe ser una persona de gran valor. Debe estar dispuesta, si fuese necesario, a privarse de lo que sea, a perder lo que fuere menester, aun a arriesgar su propia vida para bendición de los oprimidos.

2. La agonía

En Getsemaní, Cristo entró en agonía en la oración. La oración era de tal profundidad que sudaba y aun un ángel vino a confortarle.

El vaciaba su alma en desesperación por conseguir la victoria por nosotros. Esa es la verdadera intercesión. Una oración intensa, profunda y desesperada, que no desiste hasta sentir la victoria de parte de Dios.

3. La autoridad

El intercesor sabe que toda la autoridad de Cristo está en El y que las promesas en la Palabra son verdad. Ora con plena confianza apoyado en los méritos de Cristo y cita las Escrituras continuamente recordándole a Dios Sus promesas.

La intercesión identifica a tal grado al intercesor con el que sufre, que le da un lugar de preeminencia con Dios. El intercesor con su compasión y agonía en el clamor, mueve a Dios. Incluso hace que Dios cambie sus designios el Espíritu a través de él gana sus objetivos.

Cuando se sufre por otros en la oración como si fuera uno mismo, entonces realmente se está intercediendo. Lo otro es oración común y normal. Si usted ve a alguien que ora suavemente, quizás en el pensamiento y a lo mejor con la cabeza debajo de una almohada, eso puede ser oración común, pero no es intercesión.

La intercesión prácticamente se vuelve una lucha terrible contra los poderes de las tinieblas tratando de destruirle sus fortalezas y de arrebatarle sus esclavos. A veces se ganan posiciones en la intercesión. Se paga el precio de gemidos y de obediencia en ciertas fases de la intercesión y entonces el Espíritu Santo nos llena de autoridad en relación a esas situaciones específicas. Cuando un intercesor ha ganado un lugar especial de intercesión en cierta esfera, entonces él recibe tal gracia de fe en relación a esa línea especial, que le es fácil conquistar grandes bendiciones en ese tipo de situación. Esto sería un lugar especial ya ganado en la intercesión. Algunos lo han alcanzado en relación a la sanidad divina. Después de meses o años de oración, ayuno y gemidos a favor de los enfermos. Cuando se alcanza esta gracia de fe es porque se ha logrado sentir el sufrimiento de otros, tan doloroso como si fuera el de uno mismo.

No importa cuán alta sea la gracia de fe alcanzada en cierta fase de la intercesión, siempre tiene que estar todo conforme a Su voluntad. El intercesor que realmente tiene sabiduría en su labor siempre espera que el Señor le muestre Su voluntad. Una vez que sabemos que es conforme a Su voluntad nos lanzamos a la conquista con las *armas espirituales* poderosas en Dios.

A medida que se intercede con dolor y lágrimas y en profunda agonía por uno y otro caso se va ganando una posición más alta en la intercesión. Esto en la línea especial por la que se ha estado intercediendo. Por años yo he intercedido por mi garganta con lágrimas, con dolor, entendiendo que si enronquece, le priva de bendición a tantos que necesitan oír Su palabra. Una lucha tras otra en clamor, en ayunos y en fe me han dado gradualmente una *gracia de fe* en esta situación que hace posible en la actualidad que predique cuarenta o más días corridos con mi voz clara. Esto puede ser alcanzado en relación con el tiempo, sea la lluvia o el frío; ganar almas para Cristo, o en otras esferas de la intercesión.

Hay diferencia entre el guerrero de oración y el intercesor. El guerrero de oración puede orar por algo para que acontezca sin que esto ocurra a través de él, y puede que no siga orando por lo mismo hasta recibir la contestación. El intercesor es responsable de alcanzar su objetivo y no se sentirá libre hasta no alcanzarlo. Irá hasta cualquier profundidad para que la oración sea contestada a través del mismo.

El intercesor debe permanecer en actitud de oración todo el día. Así va alcanzando cada día una posición más alta en la intercesión. Orar es su negocio principal. Guerra sin tregua contra Satanás es su vida. Toda influencia del mundo sobre nosotros debe ser vencida. Su vida es comunión profunda con Dios todo el tiempo. No importan las pruebas, debe clamar para permanecer en Su perfecta voluntad. Es morir diariamente para que El viva en nosotros. El mundo no debe influenciarnos, ya que nada puede influenciar a una persona muerta. Debemos ser santificados paso a paso hasta que el yo, y todas sus vanidades sean substituidas por la naturaleza divina (Romanos 6:6; 2 Pedro 1:4). Que diariamente yo mengüe y El se agigante.

El ayuno es arma poderosa para el intercesor. El propósito es para que el cuerpo se sujete mejor al Espíritu. Si cada ayuno se hace bajo la guianza del Espíritu Santo nuestro cuerpo será preparado para llevar y soportar las cargas.

Después que se consigue una victoria no se debe orar más por ello, pues sería oración de duda. Sólo sería dar gracias por ello y alabar a Dios (Oración de adoración.)

El intercesor tiene que aprender a amar a los que le ofenden y actúan contra él, y los que le hacen injusticia. Así hizo el Salvador. La raíz de la naturaleza del Salvador es el *amor*. Debemos clamar para que El nos dé perfecto amor, misericordia, y una naturaleza capaz de perdonar a los que le ofenden.

El intercesor tiene que creer a la Palabra de Dios no importando lo que vea. Tiene que entender que Dios no puede mentir, ni fallar. La fe es instrumento decisivo para la victoria del intercesor. Al dedicar tiempo al orar por los problemas, tiene que creer que están resueltos y no orar más por ello, sino esperar con toda confianza, dando gracias a Dios. La fe nos da la victoria.

En ocasiones hay que apartarse sólo con Dios y Su palabra a orar en ayuno por horas para conquistar grandes victorias para Dios. A veces un compañero de oración es de gran bendición. El intercesor tiene que ser capaz de captar en forma muy clara e inconfundible cuándo es que ya ha orado a través de un problema para declararlo hecho y esperar victoria.

El orar de madrugada por horas es arma poderosa para el intercesor. Es importante interceder por las naciones y países y por los misioneros, para que el evangelio vaya a toda criatura.

En la campaña de Medellín, Colombia en enero de 1978, tuvimos *batallas de intercesión* como pocas veces antes. En los días anteriores a la campaña hacía un tiempo muy claro. El día de inaugurar la gran cruzada de fe amaneció muy nublado y comenzó a llover. Oramos a Dios abundantemente, pero al ver que a eso de las 3:00 P.M. la lluvia no cedía, decidimos lanzarnos a una batalla de intercesión concentrándonos únicamente en el problema de la lluvia. Sabíamos muy bien que si seguía lloviendo de esa manera tan terrible malograría ese primer día de campaña.

Nos movimos al patio de la casa y comenzamos a orar. Orábamos en lenguas, con gemidos y con entendimiento. Le gritábamos al Señor que por compasión a las almas y a los enfermos, El no iba a permitir que cayera aquella lluvia. Le decíamos que no íbamos a ceder hasta que El no nos confirmara que no iba a llover. Eramos tres hermanos y orábamos sin cesar. A veces las lenguas se volvían violentas. Los gemidos eran indecibles. Parecía que el corazón se me iba a desgarrar. En nuestros corazones creíamos que Dios no iba a fallar. Era una agonía de clamor y tratábamos de ponernos en el lugar de los cientos de enfermos y perdidos que necesitaban ese culto para ser liberados (La identificación.) Con toda la autoridad de Cristo citábamos la Palabra y confesábamos la victoria. ¡Qué batalla! Pasó como una hora y media de *inter-cesión* sin un minuto de tregua. De pronto pasaron unas palomas sobre nosotros. Sentimos la bendición del Espíritu Santo y un espíritu de risa vino a nosotros. Una paz gloriosa, y una gran seguridad de victoria fluyó por todo nuestro ser. Sabíamos que teníamos la victoria. Dejamos de interceder. Alabamos a Dios y le dimos gracias y aunque el cielo se veía aún negro, entramos en la casa y terminamos el ayuno. Estábamos seguros que ya habíamos orado por el problema y que todo estaba en manos de Dios.

No llovió en absoluto. Tuvimos un gran culto donde 476 almas vinieron al Señor y grandes milagros fueron obrados. Una gran batalla de intercesión de más de una hora nos había dado la victoria. Después de esta gran victoria me acordaba de cuantas inauguraciones de campaña fueron prácticamente arruinadas por la lluvia. Una intercesión profunda y decidida pudo haberlo impedido. Muchos otros días durante la campaña volvió a amenazar la lluvia en forma terrible y con inter-cesión agónica la volvimos a impedir. Gloria a Dios. Fueron grandes victorias en la intercesión.

En uno de los días de campaña decidimos lanzarnos a la intercesión por los paralíticos. Nos daba una tristeza muy grande verlos quedarse en los carros de ruedas. Ese día comenzamos a orar por ellos y le dijimos al Señor: "Dios mío, úngenos para interceder por los paralíticos. Haznos sentir sus sufrimientos y su dolor. No permitas que cedamos hasta sentir la victoria para ellos. Ayúdanos por medio del Espíritu Santo en la oración". Nos lanzamos a interceder y bajó la unción del Espíritu gemíamos y orábamos en lenguas sin cesar. Eramos como siete hermanos del Escuadrón en una gran batalla.

Mientras yo intercedía en lenguas, con gemidos y en mi mente trataba de visualizar el dolor de los paralíticos, de pronto Dios me dio una visión. Ante mis ojos apareció la cruz. Al verla yo dije: "Señor es la cruz"; pero en aquel instante vi la figura de Jesús que apareció sobre la cruz crucificado. No podía distinguir bien su rostro, pero de súbito El inclinó su cabeza. Pude ver bien claro la expresión de profundo dolor en su rostro. Para mí fue de tremendo impacto. El Espíritu me mostró que ese dolor fue por los paralíticos, por los que estábamos intercediendo. Ahí yo entré en profunda agonía en la intercesión. No podía borrar de mi mente el rostro de dolor de mi Jesús y eso me hacía gemir y llorar en incesante agonía. El resto del grupo no había visto la visión, pero al escucharme a mí gemir en aquella forma ellos entraron más profundamente en la intercesión. Uno de los hermanos sintió que las piernas se le paralizaron y entonces su intercesión se volvió agónica e incesante. Como a las dos horas de esa terrible batalla todos sentimos paz y una gran seguridad de victoria. Era glorioso. Nos reíamos y creíamos con toda seguridad que la intercesión había llegado y que todo estaba en manos de Dios.

En la campaña vimos el fruto glorioso de esa gran batalla. Una mujer paralizada en un lado del cuerpo por una trombosis, fue sanada en forma maravillosa. Su boca se le había torcido, estaba muda y un lado del cuerpo estaba muerto. La trajeron a la campaña y al orar por ella la boca se le enderezó y comenzó a hablar muy bien. La pierna y el brazo cobraron vida. Caminaba perfectamente, bien. La batalla de intercesión había logrado para ella esa gran victoria.

¡CRISTO VIENE PRONTO!

CAPITULO XIII

BATALLA CONTRA
LAS HUESTES CELESTIALES

Los cristianos necesitamos entender que estamos en guerra contra el diablo. El Espíritu Santo nos da las tácticas y las armas para guerrear contra él. Estamos llamados para hacerle daño a Satanás. La única forma de combatirlo activamente es con *la oración*.

Por la oración le quitamos a Satanás todo lo que se perdió con la caída de Adán. Puede ser la salud, el dominio sobre los elementos, el fruto de la tierra, el privilegio de caminar con Dios, prosperidad material, vivir sin pecar, etcétera.

El primer objetivo de la batalla es ganar la batalla en los lugares celestiales. Para esto es necesario oración continua y en ayuno para obtener la victoria. Hay que persistir en la intercesión. Por la falla en esto es que a veces los esfuerzos en la tierra son de corta duración. Si no destruimos las fuerzas del aire, éstas recapturan lo que con tanto esfuerzo habíamos ganado en la tierra.

Hay que atar las fuerzas del aire y tendremos victoria completa.

Ya Cristo ganó la victoria contra Satanás, pero El nos ha dejado a nosotros la responsabilidad de arrebatarle a un diablo derrotado las propiedades que aún están en su poder. Para esto hay que atar al hombre fuerte en relación al problema que enfrentamos. No luchamos contra personalidades humanas, sino contra fuerzas espirituales invisibles detrás de esas personalidades. En Mateo 12:28-29 el Señor Jesucristo, nos enseñó que para arrebatarle los bienes a Satanás hay que moverse con el *poder del Espíritu Santo* y atar al hombre fuerte, al gran diablo que cuida ese lugar, y entonces, podremos despojarlos de sus propiedades. En Lucas 11:20-22 nos dice que para despojar al diablo tiene que venir uno más fuerte que él y quitarle sus armas. Eso lo hizo Cristo en la cruz del Calvario.

Colosenses 2:15 dice que, Jesús despojó a los principados y a las potestades, los exhibió públicamente, triunfando sobre ellos en la cruz. En la cruz Cristo le quitó las armas. Ahora es cuestión de atarlo y quitarle sus propiedades. Para esto hay que ir en el nombre de Jesús y con el poder del Espíritu Santo.

En Daniel 10:1-13; nos dice, que cuando Daniel estaba en ayuno y oración hubo un príncipe satánico que impidió el paso del ángel que fue enviado a Daniel. La oración y el ayuno insistente del varón de Dios veintiún días, provocó que el arcángel Miguel descendiera y la situación fuera dominada, y la respuesta de Dios llegara al profeta. Ese príncipe satánico era el hombre fuerte en esa región, pero la oración incesante de Daniel lo derrotó.

Donde Dios nos envíe, lo primero que tenemos que hacer es encararnos con el hombre fuerte, o sea representante delegado por Satanás para velar por sus intereses en ese lugar.

Atacamos, no a las personas, sino a las fuerzas espirituales invisibles detrás de las personalidades humanas. No pierdas el tiempo atacando las personas. Eso lo que hace es provocar contiendas y a veces escándalos. Ataca los demonios. Enfrenta al hombre fuerte y átalo. Es muy saludable preguntarle a Dios el tipo de hombre que domina en el lugar o la situación a ser combatida. Al conocer su identidad podemos tratar con él con más eficacia. El Señor dice: "Clama a mí y yo te responderé".

Al comenzar el ataque de oración hay que insistir como Daniel hasta conquistar la victoria total. Tiene que haber determinación inquebrantable en lo espiritual para que la victoria en lo material sea total. En Josué 8:18 y 26 nos dice la Biblia que en la batalla contra Hai, Dios le ordenó a Josué, que extendiera su lanza contra la ciudad. Y Josué extendió hacia la ciudad la lanza que en su mano tenía y no retiró su mano que había extendido con su lanza hasta que hubo destruido por completo al enemigo. Así es en la oración intercesora contra posiciones del enemigo. Nos lanzamos a la batalla y no desistimos hasta que no obtenemos victoria total. Esto se hace con intercesión en el Espíritu orando a través del problema como se explica en los capítulos sobre estos temas.

Es claro que las oraciones tienen que ser específicas y persistentes y dirigidas por el Espíritu Santo. Se tiene un objetivo y se determina tomarlo y no se va a retirar la lanza hasta que la obra esté completa. No son victorias parciales en las que retiramos la lanza antes de tiempo y luego tenemos problemas con el objetivo que debimos haber tomado.

En 2 Reyes 13:14-25 el rey Joás dirigido por Eliseo lanzó zaeta de victoria, pero luego se conformó con golpear el suelo con la saeta solo tres veces. De haber persistido en golpear hubiera conseguido una victoria más completa. Hay que persistir en la oración dirigidos por el Espíritu hasta conseguir una victoria total.

Es necesario que Dios nos dirija a cómo orar para cada caso y situación y luego mantenga extendida su lanza hasta que tenga victoria total. En esta forma puedes atar cualquier fuerza maligna que te estorbe. Así también desatar personas en cautiverio. Para estas grandes batallas usamos armas espirituales, el nombre Jesús, la Palabra, la sangre, la alabanza y la oración en el Espíritu. Tenemos aliados para usar:

1. Los ángeles
2. Los hermanos espirituales
3. El Espíritu Santo.

Es menester la unción de Dios y conocimiento de las cosas espirituales, y anhelo en el corazón de combatir para glorificar a Dios y llevar bendición a los perdidos.

Satanás tiene sus recursos para combatir. La guerra, las relaciones tensas, condiciones del clima, la disensión en el pueblo, huelgas, paros, deportes, fiestas patronales y todo lo que atraiga la atención del pueblo y le robe el tiempo que necesitan para encontrar a Dios.

Debemos anhelar estos combates y sacar tiempo, pues cada batalla es un entrenamiento y preparación para ser compañero eterno de Cristo. En cada batalla aprendemos y crecemos para luego conquistar y reinar en el siglo venidero cuando serviremos como sus cosoberanos sobre toda la creación. En cada batalla somos edificados y alcanzamos más gracia con Dios. En estas batallas asaltamos cuarteles generales de Satanás, atando sus príncipes por medio de la oración y recogiendo luego los despojos de batalla con los servicios de predicación.

Patrón de oración contra las huestes celestiales.

"Venimos contra ti en el nombre de Jesús. Te vencemos con la virtud de la sangre y el testimonio de la Palabra. Te atacamos y te derrotamos con la espada de la verdad de que Cristo vino a deshacer las obras del diablo. Ahora mismo mientras alabamos, el príncipe supremo designado para reinar sobre esta ciudad ha sido aprisionado con grillos y cadenas. Todo lo atamos con la autoridad de la Palabra. Todo lo que atamos en la tierra es atado en los cielos y con esa autoridad te derribamos.

"Dispersamos en el nombre de Jesús toda fuerza celestial formada en contra nuestra. Los ángeles los hieren ahora. Ponemos en fuga todo poder demoníaco en esta ciudad que intenta estorbarnos. Satanás, hemos atado tus príncipes; por lo tanto todos tus demonios andan a tientas, en tinieblas, tambaleándose bajo el poder de Jesús. Satanás, tú y cada uno de tus ángeles y demonios están atados ya. Nos reímos con Dios al verte en ridículo. Dobla tus rodillas al nombre de Jesús.

"Ahora desatamos por la fe en la Palabra, la paz y la gracia de Cristo. Padre, que el Espíritu Santo obre entre nosotros ahora salvando, sanando y estableciendo Tu reino para Tu gloria. En el nombre de Jesús.

"Peleamos contra demonios que reciben sus órdenes desde el cuartel general situado en las regiones celestiales. Ya Dios por Cristo despojó a los poderes de Satanás, triunfando sobre ellos por medio de la cruz. Ya Cristo ganó la victoria. Nosotros somos los responsables de ponerla en vigor usando en la oración las armas poderosas de la Palabra, el nombre de Jesús, la sangre de Jesús y la alabanza y la oración en el Espíritu".

ORAD SIN CESAR

CAPITULO XIV

EL MINISTERIO DE LIBERACION

Hay una cantidad notable de espíritus que oprimen hoy en día a los creyentes del evangelio. Se pueden fácilmente distinguir por la forma como perturban a los oprimidos.

Muchas de estas opresiones vienen de la vida anterior y por alguna razón se siguen manifestando después de aceptar a Cristo como Salvador. Otras aparecen después de haberse convertido debido a que ciertas actuaciones en que el creyente ha incurrido han abierto las puertas para la entrada de algunos de estos espíritus opresores.

Cuando aceptamos a Cristo instantáneamente los pecados son perdonados y somos salvos, pero a veces algunas opresiones sin confesar permanecen perturbando a la persona. Esto no debería ser así ya que el Señor nos ha provisto para liberación total de espíritus de esclavitud (Juan 8:32-36).

Para una vida cristiana abundante y colmada de fruto debemos ser totalmente libres de toda opresión de espíritus malignos. Esta es la promesa bíblica para todo creyente. La Palabra dice:

"Si, pues, el Hijo de Dios os libertare seréis verdaderamente libres".

Juan 8:36

Para ser libertado de cualquier opresión de espíritus, es necesario identificarlos para luego renunciar a ellos. En 2 Corintios 4:2 dice: Antes bien renunciamos a lo oculto y vergonzoso... Es claro que hay que renunciar de todo corazón a la manifestación en nuestra vida de cualquier espíritu, al cual hayamos estado cediendo o complaciendo para ofender a Dios.

No sólo es necesario renunciar de todo corazón a la manifestación de ese espíritu en nuestra vida, sino que también es necesario confesar la falta y la opresión a hermanos espirituales para que oren por nosotros y seamos liberados. Santiago 5:16 dice: "Confesaos vuestras ofensas unos a otros, y orad unos por otros, para que seáis sanados" (Liberados).

La oración eficaz del justo puede mucho. Nota que no es confesar a cualquier persona, sino a hermanos de amor y de oración. Gente que con fe inquebrantable y con profunda compasión orarán y se obrará la liberación. Si se esconde la falta, el espíritu seguirá enseñoreándose en la vida del creyente que fue liberado por Cristo en la cruz. El libro de Proverbios 28:13 dice:

> El que encubre sus pecados no prosperará; mas el que los confiesa y se aparta alcanzará misericordia.

En la iglesia apostólica esto era común y decisivo. El libro de los Hechos 19:18 dice: "Y muchos de los que habían creído venían, confesando y dando cuenta de sus hechos". En esta forma se podía orar en forma efectiva por todo tipo de opresión y los creyentes ser totalmente libres como es la perfecta voluntad de Dios.

Para ser libertado de la opresión de espíritus es evidente que hay que renunciar totalmente al espíritu opresor y luego confesar su arraigo en nuestra vida.

Después de estos pasos decisivos, la oración de fe obra la liberación. Si no se renuncia y se confiesa la opresión, el espíritu puede seguir oprimiendo libremente a la persona ya que se le está dando protección para continuar oculto en su vida, al no desenmascararlo sacándolo a la luz.

La Biblia dice en Efesios 5:11-12:

Y no participéis en las obras infructuosas de las tinie-
blas, sino más bien reprendedlas; porque vergonzoso es
aun hablar de lo que ellos hacen en secreto.

Cuando la persona confiesa una falta y renuncia al espíritu
que la provoca, de inmediato éste pierde el poder y derecho
de permanecer en la persona oprimida. Al reprendérselo con
toda la autoridad de la Palabra y en el nombre de Jesús tiene
que salir y la persona es liberada.

Los espíritus malignos se oponen a que se les renuncie,
porque esto equivale a cortar con ellos el contrato de colabo-
ración que estaba establecido.

Por supuesto se oponen al ministerio de liberación que el
Señor ejerce a través de sus siervos. Los demonios atacan
todo plan de liberación utilizando las siguientes formas:

1. Poniendo confusión en las mentes para saber si viene de
   Dios o del diablo (1 Corintios 14:33 y Mateo 12:24-32).
   Todo creyente debe pedir el don de discernimiento de
   espíritus, para así saber qué espíritu es el que se mani-
   fiesta y no ser víctima del engaño del diablo.
2. Poniendo grandes temores.
   a. Algunos temen a la posibilidad de necesitar liberación.
   b. Algunos temen a enfrentarse al qué dirán.
   c. Temor a señalar a algunos espíritus pidiendo liberación
      de ellos.
   d. Temor a perder cargos y privilegios en la congregación.
   e. Temor a que sea revelado su pasado.
   f. Temor a que no sea la voluntad de Dios el que se ministre
      liberación a Su pueblo (2 Co.7:1; Efesios 5:11).
3. Poniéndoles incredulidad, desobediencia y dudas sobre
   la verdad de la liberación.

Todo creyente debe clamar por la liberación a nuestro
Señor Jesucristo y buscar ayuda de creyentes del Señor
ungidos por el Espíritu Santo.

De otra forma usted se encontrará resistiendo a Dios en Su voluntad de libertarlo de toda opresión para que sea un verdadero hijo de Dios (Juan 1:12).

En estos días postreros y peligrosos, es necesario estar totalmente libres para que podamos resistir los grandes ataques de Satanás que vendrán contra el pueblo de Dios en lo poco que falta para el retorno de Cristo.

Totalmente libres podremos glorificar a Dios como El merece y llevar como antorchas encendidas la luz de Su evangelio a los oprimidos.

Lea la siguiente lista de espíritus y subraye aquellos que le están oprimiendo. Luego proceda a conseguir la liberación conforme hemos orientado. Durante la oración por liberación es menester atar los espíritus con la autoridad de la Palabra.

La Biblia dice que El vino a deshacer las obras del diablo, y que lo que atamos en la tierra es atado en el cielo. Al atar y echar fuera esos espíritus, es imperativo clamar a Dios para que manifieste los frutos del Espíritu en la persona, cosa que ésta reciba la naturaleza poderosa de Dios que hará posible que no vuelva a caer de nuevo en las garras de espíritus similares.

Si la persona confiesa un espíritu de enojo y renuncia a él, una vez que se ata y se echa fuera debemos clamar para que la persona reciba templanza y mansedumbre y paciencia para que suplanten al espíritu de enojo del cuál sabemos por la fe que la persona fue liberada.

A continuación la lista de espíritus que atacan y oprimen a miles en la iglesia del Señor.

EMOCIONES

Odio
Resentimiento
Amargura
No perdón
Ira
Enojo
Rebeldía
Contienda
Discusión
Desprecio
Rechazador
Autorrechazador
Autocompasión
Represalia
Celos
Envidia
Egoísmo
Codicia
Melancolía
Muerte
Descontento
Tristeza
Pesadez (cuerpo y mente)
Molestia
Ansiedad
Desesperación
Histeria
Impaciencia
Incomodidad
Malestar
Egolatría
Bostezo
Pereza
Sueño
Comedor de uñas
Mordedor de uñas
Compulsión de comer carne

Risa incontrolada
Apetito fuerte
Lamentación
Nerviosismo
Hábitos nerviosos (muchos)
Soberbia
Orgullo
Vanidad
Ostentación
Orgullo del pasado
Amor al dinero
Amor al mundo
Malicia
Glotonería
Cobardía
Narcisismo

MENTE

Inconsciencia
Olvido
Avergonzador
Autosuficiencia
Negligencia
Espíritu de injusticia
Inconsistencia
Imprudencia
Astucia
Blasfemia de pensamiento
Blasfemia de palabras
Olvido de la palabra
Vergüenza
Interruptor en la oración
Incitador al mal camino
Tontería
Distracción general
Curiosidad
Persistencia a deshacerse de
cosas viejas
Duda

Incredulidad
Falta de fe
Timidez
Pesimismo
Sospecha
Desconfianza
No concentración al orar o leer la Palabra
Insomnio
Distracción de la mente
Adormecedor de los ojos
Bloqueo de la mente
Desobediencia
No sometimiento
Abandono
División
Indecisión
Postergación
Autoengaño
Indirectas
Desorden personal
Camaradería con la persona del mundo
Bromista
Juguetón
Desalentador
Anulador de razonamientos y motivos ajenos
Racista
Encubridor de faltas para con personas
Desinterés para con las necesidades del prójimo
Liberación femenina
Revolucionario
No sometimiento al esposo
Rebeldía en el hogar
Espíritu de ¿Por qué?
Bloqueo al ayuno
Favoritismo

Crítica
Juzgador
Chisme
Buscador de faltas
Difamación
Mentiras
Tramposo
Exageración
Hipocresía
Simulación
Robo

TEMORES

Oscuridad
A estar solo
A que le roben
Al futuro
Al morir
A los gatos
A conducir autos
A rechazo en hacer exposiciones doctrinales bíblicas.
Para comunicar la Palabra de Dios
A las culebras
A las ratas
A la responsabilidad
A sufrir accidentes
A perder los hijos
A tener hijos

SEXO

Deseo de los ojos
Masturbación
Lesbianismo
Homosexualidad
Adulterio
Fornicación
Prostitución

Frigidez
Impotencia sexual
Pasión
Lascivia
Carnalidad
Conversaciones sucias
Pensamientos sucios
Pornografía
Sueños eróticos
Chistes sucios
Obsesión por los senos

ENFERMEDAD FISICA

Ataque al corazón
Nervios
Cáncer
Dolor de cabeza
Sordera
Ceguera
Mudez
Epilepsia
Mareos
Constipación
Obesidad
Artritis
Ulceras
Diabetes
Leucemia
Tuberculosis
Alergias (Hay fever)
Presión de la sangre
Mareo
Fiebre

Flujo de sangre
Columna vertebral doblada
Cansancio (Sin causa)
Asma
Anemia
Gripes
Hepatitis
Esclerosis múltiple
Várices
Sinusitis
Diarrea
Dolores
Dentadura (Caries)
Amigdalitis

ENFERMEDAD MENTAL

Locura
Idiotismo
Mongolismo
Tartamudez

VICIOS

Cigarrillo
Droga
Alcoholismo
Cerveza
Vino
Cafeína
Bolita o lotería
Caballos
Televisión

COMO MANTENER LA LIBERACION

Después de usted ser liberado por Cristo es menester mantenerse firme en el Señor velando y orando para que el diablo no vuelva a oprimirle (Lucas 21:36). Satanás tratará por todos los medios de recuperar su arraigo en usted. En Mateo 12:43-45 dice: Cuando el espíritu inmundo ha salido del hombre, recorre los lugares áridos buscando reposo, pero no lo halla. Entonces se dice: "Voy a volver a mi casa, de donde salí". A su llegada, la encuentra desocupada, barrida y adornada. Entonces se va a tomar consigo otros siete espíritus aun más malos que él; entran y se aposentan allí, y el estado último de ese hombre viene a ser peor que el primero. Si por el contrario cuando Satanás vuelve contra ti, te encuentra lleno del Espíritu Santo, Efesios 5:18, no podrá entrar, ni oprimirte aunque se busque todos los refuerzos que quiera. La persona liberada tiene que mantenerse llena del Espíritu. Esto sólo se consigue viviendo conforme a la Palabra de Dios. Esto implica viviendo una vida conforme al Espíritu. Tú tienes que mantener una vida firme en la oración y el ayuno, en la obediencia a la Palabra de Dios.

El apóstol Pablo dice: Vestíos de la armadura de Dios, para poder sosteneros contra los ataques engañosos del diablo (Efesios 6:11). Es lo que el Señor le dijo a Josué: No te apartes de mi ley, Su palabra, ni a la derecha, ni a la izquierda, a fin de que tengas buen éxito en todos tus caminos. No se aparte de tu boca este libro de la Ley, antes medita en él día y noche, para que observes y practiques todo lo que en él está escrito; porque entonces prosperarás en tu camino y tendrás buen éxito (Josué 1:7-8).

En cuanto vengan pensamientos negativos o contrarios a tu liberación ataca enseguida al diablo con la espada del Espíritu que es la Palabra de Dios. No titubees; atácalos con la Palabra y átalos en el nombre de Jesús. Los demonios tratan de penetrar nuevamente atacando la mente de la persona. No apoyes de ninguna manera pensamientos negativos, ni los expreses. No creas que vienen de tu mente. No son realmente tuyos sino del diablo. Recházalos con la Palabra. Habla siempre positivo. Habla fe, habla la Palabra y sólo lo que te edifica. No hagas confesiones negativas o de duda. Esto sería favorecer al enemigo para que tome dominio sobre ti. Habla y confiesa lo que te enseña la Palabra de Dios. Proclama siempre victoria por la fe en Jesucristo. Lo que tú hables, eso eres. Habla fe y habla positivo y habla Su palabra y serás más que un vencedor y tendrás la vida abundante que Cristo prometió (Marcos 11:23, Fil. 4:13). Apártate de los entretenimientos carnales y de toda mundanalidad, de cosas que abrirán la puerta al diablo para volver a entrar. Sé humilde y obediente para con tus superiores, pues esto te dará gracia con Dios. Alaba a Dios en todo tiempo. La alabanza es adoración y El vive en la alabanza. Alábalo con tu boca y apláudelo (Salmos 149 y 150). La alabanza combate al enemigo.

Ora siempre en el Espíritu (Efesios 6:18). Ora con gemidos (Romanos 8:26). Ora en otras lenguas y con lágrimas (Corintios 14:15, Joel 2:12). Esto te edificará en la fe y hará muy difícil que el diablo pueda tomar arraigo sobre ti.

Manténte firme en tu congregación (Hebreos 10:25). No faltes a los cultos, ni llegues tarde, ni te salgas antes de tiempo. No des lugar al diablo. Manténte bajo autoridad; tanto los creyentes con sus pastores como las esposas con sus esposos (Efesios 5:22-24 y Hebreos 13:17).

Ríndete totalmente a Cristo. Procura que todos tus pensamientos y acciones sean conforme a Su naturaleza. Vive en Cristo y para El y pídele que Sus frutos se manifiesten en ti plenamente (Gálatas 5:22-23). Ten fe inconmovible en El (1 Juan 5:4). El nunca te fallará. Fiel y verdadero es el Cristo que prometió.

CAPITULO XV

ORACIONES BIBLICAS QUE MOVIERON MONTAÑAS

1. El libro de los Hechos de los apóstoles, capítulo 12 nos relata que Herodes echó mano a algunos de la iglesia para maltratarles y mató a espada a Jacobo, hermano de Juan. Prendió también a Pedro y lo puso en la cárcel. Puso cuatro grupos de cuatro soldados cada uno a custodiarlo.

Pedro estaba bajo esa tremenda custodia, pero la iglesia hacía sin cesar oración a Dios por él. Era una oración unida. Todos los hermanos clamaban unánimes por su liberación.

Una noche Pedro dormía entre dos soldados y sujeto con dos cadenas, y guardias delante de la puerta custodiaban la cárcel. Y he aquí que se presentó un ángel del Señor, y una luz resplandeció en la cárcel; y tocando a Pedro en un costado lo despertó y le dijo: "Levántate pronto". Y las cadenas se le cayeron de las manos. El ángel le ordenó entonces que le siguiera. Pedro le siguió creyendo que veía una visión. Pasaron la primera y la segunda guardia y llegaron a la puerta de hierro que daba a la ciudad, la cuál se abrió por sí misma. Salieron a la calle y luego el ángel se apartó de él.

La oración incesante de la iglesia movió a Dios a enviar un ángel para libertar a su siervo. Pedro regresó sano a los suyos y luego Dios envió un ángel que hirió a Herodes, el cuál murió comido de gusanos.

Las montañas terribles de la cárcel y la muerte, fueron removidas por Dios como resultado de la oración ferviente e incesante de los cristianos. Aun la montaña terrible de la amenaza de Herodes fue también removida. La oración de fe mueve las montañas. La Biblia dice: "Todo lo puedo en Cristo que me fortalece". Todo lo podemos en Cristo si oramos sin cesar creyendo que lo que pedimos en Su nombre El lo hará.

2. La oración es el secreto del éxito verdadero en la vida del hombre. El profeta Daniel conocía ese secreto. Su vida duró como un siglo. En ese tiempo dinastías se levantaron y cayeron. Su vida estuvo en constante peligro, pero él tenía el secreto de la victoria, la oración constante a su Dios.

En una ocasión fue condenado a perecer con todos los sabios de Babilonia. En otra ocasión fue lanzado en la cueva de los leones. Dios lo libró siempre en forma milagrosa. Encontró favor con los gobernantes y fue admirado y respetado por ellos (Daniel 5:11). En los casos de emergencia los reyes venían a él por ayuda. Su vida influenció las naciones. Su conducta movió a reyes a reconocer al *Dios verdadero*.

Su único secreto era su vida de oración. La oración era su negocio principal. Oraba tres veces al día alabando y dando gracias a Dios. Era un hábito diario en él que no hubo quien lo interrumpiera.

En su juventud fue llevado en cautiverio fuera de Jerusalén por el rey de Babilonia. Su gran tristeza era la tragedia que había venido sobre su pueblo. Anhelaba su restauración, pero había una *gran montaña* que remover para poder conseguirla. La gran montaña de Babilonia tenía la gente en cautiverio y no las dejaba ir. Daniel tenía fe que Dios era poderoso para remover esa montaña. Se dio a la oración y al ayuno (Daniel 9:3). Y Babilonia, la montaña destructiva fue movida por Dios. Dios levantó al rey Ciro (Isaías 44:28). Este derrotó a Babilonia y luego lanzó un decreto autorizando la restauración de Jerusalén. Dios movió la montaña y el pueblo de Daniel pudo regresar a Jerusalén (Jeremías 51:24-25). Dios no falló en contestar la oración de su siervo. Tampoco fallará en contestar la tuya si le eres fiel. Comienza a orar tres veces al día como Daniel. Haz de la oración tu negocio principal y Dios no fallará en remover todas las montañas.

3. Salomón vino a ser rey del imperio más grande que había en esos días sobre la tierra. El comprendió que su entendimiento no daba para una tarea tan compleja. Oró a Dios que le diera sabiduría para hacer justicia a aquel pueblo. Dios le escuchó y le hizo el hombre más sabio de su tiempo. Pedid y se os dará. Es cuestión de vivir para Dios y orar a El creyendo que lo recibirás.

4. En 2 Reyes 19:15-35 nos dice, que los asirios rodearon a Jerusalén. Sus fuerzas eran muy superiores a los recursos del rey Ezequías. Este oró a Dios que le ayudara. Parecía imposible, pero esa noche una plaga terrible cayó sobre los invasores y por la mañana 185.000 hombres habían muerto. El Dios de las batallas peleó por Ezequías y le dio la victoria. Si oramos a El y vivimos conforme a Su palabra, El no fallará en pelear nuestras batallas. Poco tiempo más tarde, Ezequías se enfermó de muerte. No había esperanza que pudiera recuperarse. El rey se volvió de cara a la pared y oró a Dios con lágrimas, recordándole al Señor como él le había servido fielmente por años. El resultado de esta oración sincera y ferviente fue que Dios le añadió quince años más de vida y hubo paz en su reino (2 Reyes 20:6).

5. Jonás fue lanzado al mar y se lo tragó un pez enorme. Su desobediencia a Dios lo llevó a este juicio terrible. Siempre la desobediencia trae tragedia y dolor para muchos. Algunos están enfermos por causa del pecado y las rebeldías contra Dios y Su palabra.

En el vientre del pez Jonás se arrepintió y oró a Jehová con desesperación y El lo oyó. La Biblia dice que El está atento a nuestras oraciones. En su oración Jonás dijo: "Desechado soy de delante de tus ojos; mas aún veré tu templo. Cuando mi alma desfallecía en mí, me acordé de Jehová, y mi oración llegaba hasta ti en tu santo templo. Mas yo con voz de alabanza te ofreceré sacrificio; pagaré lo que prometí. La salvación es de Jehová". El no sólo oraba humillado y prometiendo obediencia, sino también creyendo que Dios le oía y le restauraría. En su oración entraron el arrepentimiento, la promesa de servirle y la fe de que recibiría.

Y mandó Jehová al pez, y vomitó a Jonás en tierra. No sólo Dios lo perdonó y le dio una segunda oportunidad sino que tuvo que resucitarlo, pues hacía tres días y tres noches que estaba en el vientre del pez. Nadie podía permanecer vivo ese tiempo en dicho lugar, pero lo que parece imposible, es posible para el que se humilla a Dios y ora de todo corazón.

6. Elías oró por el hijo de la viuda que había muerto. Nunca antes se había escuchado que alguien que hubiese muerto fuera devuelto a la vida. No había precedente en cuanto a levantar a los muertos en toda la historia. Sin embargo la oración de Elías hizo que el alma del niño volviese a su cuerpo y sus ojos se abriesen y volviese a la vida. Aun la muerte es conquistada por la oración de fe de los creyentes del Dios vivo (1 Reyes 17:20-23).

7. Sansón obtuvo una gran victoria sobre los filisteos. Con la quijada de un asno los derrotó y les mató mil hombres. Después de esto sintió una sed terrible. Oró a Dios y dijo: "Tú has dado esta grande salvación por mano de tu siervo; ¿y moriré yo ahora de sed, y caeré en mano de los incircuncisos?"

Entonces Dios contestó su oración sacando agua de una piedra hueca que había en Lehi. Sansón bebió, se reanimó y recobró sus fuerzas.

Podemos ver una y otra vez cómo Dios contesta la oración a los que se humillan a El y le prometen servirle. El no oye al pecador. De los soberbios vuelve su rostro para no oírles, pero a los humildes y reverentes; a los que creen en El sin titubeos, los escucha y les atiende. Sea un milagro de sanidad, o un milagro para suplir las necesidades, o proteger del peligro o guianza divina, sabiduría de lo alto para obrar en forma correcta, no importa la necesidad que sea, Dios suple en contestación a la oración de fe.

La ley de recibir es positiva y segura. Jesús dijo: "Pedid y se os dará, buscad y hallaréis, tocad y se os abrirá; y el que pide recibe, y el que busca encuentra, y al que toca se le abre". Esto implica que hay un poder invisible a nuestro alrededor que es capaz de resolver cualquier problema. Es un poder tan grande que puede mover las montañas si eso fuera necesario. Eso es para todos los creyentes fieles. Gente de fe que creen a Dios por Su palabra y que viven conforme le agrada a El. Viva la Palabra de Dios y pida al Padre en el nombre de Jesús y el Espíritu Santo no fallará en hacerlo una realidad.

CAPITULO XVI

ORACIONES FUERA DE
LA VOLUNTAD DE DIOS

Cristo dijo: "Hágase tu voluntad, como en el cielo, así también en la tierra" (Lucas 11:2).

Es importante saber cuál es la voluntad de Dios y es también importante saber cuál no es la voluntad de Dios. Algunas oraciones no son contestadas porque están fuera de la voluntad de Dios. Muchos no reciben por su falta de fe, pero hay peticiones que van delante de Dios que sencillamente están fuera de Su voluntad. La oración victoriosa tiene que estar en Su voluntad.

La Biblia nos muestra oraciones que estuvieron fuera de Su voluntad y no fueron contestadas.

1. Elías oró para que Dios le quitara la vida (1 Reyes 19:4). Dios no le contestó, pues su plan era llevárselo vivo para el cielo en un carro de fuego. Elías obró en forma necia en un momento de desesperación y su petición fue contraria a la gran bendición que ya Dios tenía reservada para él. A muchos nos ha pasado esto y en momentos de terrible desaliento hemos pedido a Dios que nos lleve con El. Más bien debemos pedirle que nos dé fuerzas y aliento para soportar y en cuanto a nuestra vida terrenal que haga sólo Su voluntad.

Cuando pidas cosas que tú no estás seguro si es Su voluntad asegúrate de decirle: "Pero como Tú quieras, y no como yo quiera". Algunos piden que no le dé más hijos. Razonan que no es prudente por una u otra causa, pero a lo mejor Dios tiene el plan de levantar de ese vientre un siervo de gran bendición para la humanidad. En tu petición estarías oponiéndose al plan divino y prácticamente revelándote contra El.

Otros piden con desesperación un hijo y demandan que sea varón. Puede que Dios tenga otros planes y tú estés pidiendo fuera de Su voluntad. Algunos demandan una esposa u esposo, pero Dios puede tener otros planes, o que aún no sea el tiempo para esa bendición. Algunos piden un automóvil, pero Dios sabe que les traerá desgracia. Por eso debemos confiar en El y en peticiones como éstas decirle claro: "Haz siempre Tu voluntad Señor, y nunca la mía". Si a ti te conviene puedes estar seguro que lo recibirás, pero El que sabe todas las cosas no te va a dar algo que te sirva de maldición a menos que tú no insistas en una forma terca y obstinada en el asunto. Se sabio y prudente en tus oraciones.

2. Balac pidió oración para que Israel fuera maldecido (Número 22). El deseaba derrotar en batalla a Israel y le pidió al profeta Balaám que se los maldijese. El sabía que Balaám era un siervo de Dios y que sus oraciones eran escuchadas. Balaám, el profeta sabía muy bien el poder de la oración, pero cayó en desgracia cuando después que Dios le reveló que Israel era un pueblo bendito, insistió en mantener relaciones con Balac a causa de su codicia por las riquezas del rey.

La petición de Balac nunca fue contestada y Balaám, profeta de Dios, perdió hasta la salvación por moverse fuera de la voluntad de Dios.

A muchos le pasa lo mismo hoy en día. Piden a Dios finanzas para una u otra necesidad. Dios no se las concede, pues sabe que hay avaricia en ellos y que el dinero los destruiría. Cuídate de codiciar solamente Su voluntad que es buena y saludable.

3. Jeremías oró por bendición para un pueblo que rechazaba la voluntad de Dios (Jeremías 14:1-16).

En los días de Jeremías el pueblo había despreciado al Señor y vivían en gran apostasía. Como resultado vino una sequía terrible. Jeremías oró para que Dios terminara la sequía. Dios le dijo: "No ruegues por ese pueblo para bien. Cuando ayunen no oiré su clamor, y cuando ofrezcan holocausto y ofrenda no lo aceptaré, sino que los consumiré con espada, con hambre y con pestilencia" (Jeremías 14:11). La nación se había vuelto a los ídolos y era inútil orar para que el juicio fuera quitado. Sólo había una forma de escapar y era el arrepentimiento. A veces el pecado lleva a un lugar donde el juicio cae con toda seguridad. Juan dijo: "Hay pecado de muerte por el cual yo no digo que se pida".

El pecado había llegado a tal profundidad que cuando Jeremías insistió con Dios a favor del pueblo, el Señor le dijo: "Si Moisés y Samuel se pusieren delante de Mí, no estaría Mi voluntad con este pueblo; échalos de mi presencia y salgan". Es trágico despreciar a Dios por las cosas temporales, desobedecer a Dios cuando sabemos lo que a El le agrada. Si insistimos en la desobediencia llega el momento que no importa quien ore, Dios no contestará. Busquemos agradarle en todo. Humillémonos a El y Dios nos colmará de sus ricas bendiciones y contestará nuestras oraciones. Pon tu delicia en la Ley de Jehová y El te dará las peticiones de tu corazón.

4. Juan y Santiago, oraron por la destrucción de sus enemigos (Lucas 9:55-56). Nuestra dispensación es una de misericordia. A veces los hombres quieren ejecutar juicio cuando Dios aún no lo estima conveniente. Así sucedió en el caso de Juan y Santiago. En cierta villa en Samaria fueron rechazados en forma brusca. Ellos le pidieron al Señor que les permitiera destruir la villa ordenando que descendiera fuego del cielo. Aún no habían percibido que con la venida de Cristo, una *nueva era de gracia* había amanecido para la pobre humanidad. Jesús los reprendió y les dijo: "Porque el Hijo del Hombre no ha venido para perder las almas de los hombres, sino para salvarlas".

Oraciones destinadas a destruir a otros, puede que no sean contestadas por Dios. El murió en Cristo por todos, y Su anhelo es que todos procedan al arrepentimiento.

5. Oraciones llenas de avaricia no eran contestadas. Muchas oraciones son motivadas por la avaricia. Dios ha prometido darnos el céntuplo en esta vida y en la venidera, la vida eterna. Pero algunos que quieren aprovechar el poder de la oración como un medio para obtener bienes materiales van a encontrar que sus oraciones quedan sin contestación.

Santiago dijo: "Pedís y no recibís, porque pedís mal para gastar en vuestros deleites (Santiago 4:3). Los siervos de Dios tenemos que tener cuidado cómo invertimos el dinero que Dios nos da. Es muy inteligente que lo usemos en Su obra y no en llenarnos nosotros, y nuestros hogares de lujo y vanidad. Esto puede motivar que Dios corte la bendición financiera y el ministerio fracase por culpa de nuestra avaricia y nuestra vanidad. No demos lugar al diablo para que Dios pueda tener la confianza de poner su dinero en nuestras manos para Su obra.

6. Oración por señales. En una ocasión los fariseos le pidieron al Señor que hiciera una señal. El se negó y les dijo, que para ellos sólo les daría la señal del profeta Jonás. Hay gentes que dicen que sólo creerán si se sana cierta persona y si se produce cierto milagro. Herodes, quería ver a Jesús porque él anhelaba verlo hacer algún milagro (Lucas 23:8). Jesús ni siquiera permitió que le hablara, mucho menos le hizo un milagro para satisfacer su curiosidad. No hay milagros para los incrédulos, ni los altivos. Los milagros son para los humildes, y para confirmar Su palabra, y para traer bendición y consuelo a los que realmente están necesitados de la misericordia de Dios y creen en El.

Nunca ores por nadie para que sane, donde hay un grupo retando a Dios para que demuestre si es verdad que El tiene poder o hace milagros todavía. Lo más probable es que Dios no haga nada y quedemos en vergüenza ya que a Dios no le gusta satisfacer la curiosidad de los incrédulos ni dar demostraciones vanas de Su poder.

7. Oraciones por motivo de vanagloria y ambición: En una ocasión Juan y Santiago se acercaron a Jesús y le dijeron:

"Maestro, querríamos que nos hagas lo que pidiéramos". El les dijo: ¿Qué queréis que os haga? Ellos le dijeron: "Concédenos, que en Tu gloria nos sentemos el uno a Tu derecha y el otro a Tu izquierda". Jesús les dijo: "No sabéis lo que pedís". Era una petición con motivos de ambición y gloria material. Como resultados de esto los otros diez se enojaron. Todo lo que no venga en amor y con motivos de misericordia y bendición para el prójimo, tenderá a crear división y contiendas (Marcos 10:35-38).

Si pedimos algo con el sentir de ser más grande que el otro hermano no lo recibiremos del Señor. A veces se da una campaña y se hace pensando en dar una actividad más grande que la que dio la otra denominación. Dios no escuchará esas oraciones.

En ocasiones se trae un gran siervo de Dios pensando en que Dios lo use poderosamente para opacar el ministerio de otro con quien no se simpatiza. En ese espíritu no se puede esperar plena bendición de Dios. La única razón para organizar una actividad es pensando en las almas perdidas, los enfermos y en que Dios sea glorificado y su pueblo sea edificado.

CAPITULO XVII

POR QUE COSAS DEBEMOS ORAR

Es importante saber por qué cosas debemos orar. En el Padre Nuestro se nos muestra algunas cosas por las cuales debemos orar. Se nos indica que oremos para que venga Su reino sobre esta tierra. Para que Dios supla nuestras necesidades diarias. Para que perdone nuestros pecados. Para que nos libre del diablo en forma anticipada. Que sólo haga Su voluntad en nuestras vidas. Que perdone a los que nos ofenden y nos vituperan. Esas cosas fueron consideradas ya en otra parte del libro, pero las Escrituras también mencionan otras cosas por las cuales debemos orar.

Algunos creyentes a veces dicen que se arrodillan a orar y al pasar varios minutos ya no encuentran por qué orar. Vamos a enumerar algunas de las cosas por las cuales debemos orar para beneficio de los cristianos que quieren hacer de la oración su negocio principal.

1. Orar por el Espíritu Santo. Cristo dijo que el Padre daría el Espíritu Santo a los que se lo pidieren (Lucas 11:13). Sed llenos del Espíritu Santo dice la Biblia (Efesios 5:18). Esto lo necesitamos más que ninguna otra cosa. Sin el Espíritu no podíamos orar bien, ni vencer al diablo.

2. Orar para que envíe obreros a Su mies. Es nuestra obligación de pedirle al Señor que levante siervos que lleven

137

Su palabra. Es la única forma de alcanzar la evangelización mundial que tiene que ocurrir antes de Su venida (Lucas 10:2).

3. Orar por los hermanos. ¡Orad los unos por los otros! dice la Palabra.

El apóstol Pablo oraba sin cesar por todas las iglesias y gemía por los hermanos para que Cristo fuera engendrado en ellos.

4. Orar por la protección y seguridad de los siervos de Dios. Los que predican el evangelio tienen que ir y predicar en lugares de gran peligro donde los enemigos de la obra de Dios anhelan cortar sus vidas. Sólo la oración ferviente e incesante del pueblo de Dios puede librarlos del enemigo.

5. Orar por los que están en autoridad (1 Timoteo 2:2).

6. Orar para que estemos preparados para Su venida.

Velad y orad en todo tiempo, si es que queréis escapar de las cosas que van a ocurrir y estar en pie delante del Hijo del Hombre (Lucas 21:36). Sólo la oración es la que nos va a dar la gran victoria de estar preparados para volar al cielo en el Rapto que viene (2 Corintios 11:2).

7. Orar por la unidad de los creyentes. Cristo dijo: *Que todos sean uno; como tú, oh Padre en mí, y yo en ti, que también ellos sean uno en nosotros; para que el mundo crea que tú me enviaste* (Juan 17:21). La única forma como la pobre humanidad puede creer en Cristo y salvarse es que nos unamos y rompamos ya las discordias, celos y rencillas entre los creyentes. Es necesario que los líderes de las organizaciones se unan a orar juntos y se olviden de todo sectarismo y se establezca una poderosa unidad cristiana entre los lavados en la sangre del Cordero.

8. Orar por la sanidad de los enfermos (Santiago 5:16).

9. Orar por los siervos de Dios, pastores y evangelistas que llevan a las almas el pan de vida.

10. Orar por la paz de Jerusalén (Salmo 122:6).

11. Orar por tus familiares (Hechos 16:31).

12. Orar por tus necesidades personales y tu crecimiento espiritual (Hebreos 8:10, Salmo 139:23-24).

13. Orar por la iglesia en los países comunistas.

14. Orar por la obra en las cárceles.

15. Orar por la obra en los hospitales.

16. Orar para que Dios derrame un avivamiento (Habacuc 3:2).

17. Ora en forma diaria muy especial por este ministerio "Cristo Viene" para que Dios nos supla y nos abra puertas para seguir llevando la Palabra y salud a millares de oprimidos.

18. Ora para que tengas experiencias personales con Cristo. El Señor dijo:

> *"El que tiene mis mandamientos y los guarda, ese es el que me ama; y quien me ama, será amado de mi Padre, y yo también lo amaré y me manifestaré a él.*

19. Ora para que te dé unción especial para ayunar y orar con lágrimas, gemidos indecibles y en lenguas (Joel 2:12, Romanos 8:26, 1 Corintios 14:14-15).

Usa estas sugerencias para que ores diariamente en abundancia y hagas de la oración tu negocio principal.

CAPITULO XVIII

ORDENESE EN LA ORACION

Apenas me convertí, Dios me mostró que me ordenara en la oración. El me hizo sentir que El es un Dios de orden y si en algo quiere a Su pueblo bien ordenado es en la oración, que es la forma de comunicarse con El y la llave poderosa para abrir los cielos.

Nos ordenamos para todo lo material. En los detalles relacionados con nuestro trabajo nos ordenamos. Apuntamos todo. Lo ponemos en un orden lógico cosa de que no se nos olvide nada y tengamos más éxito. En el estudio nos ordenamos cuidadosamente. Lo apuntamos todo, para luego poder repasar y que el aprendizaje sea más eficaz. Las empresas organizan todo para funcionar mejor. Las organizaciones religiosas ordenan todo para asegurar victoria en sus esfuerzos.

Cuánto más debemos ser cuidadosos y ordenados en la obligación diaria de la oración, que es vida para la iglesia del Señor.

Recién convertido, yo llevaba un registro cuidadoso de la oración que hacía. Apuntaba diariamente lo que oraba y luego comparaba la oración de una semana y la de otra y me esforzaba por superarme y mantener en alto mi vida de oración. Todo creyente debe tener una vida de oración bien ordenada y saber en forma clara y precisa cuánto se ora diariamente.

Debes preguntarle al Señor si estás orando suficiente y pedirle a El que te ayude y te unja para orar diariamente el máximo de lo que es Su voluntad para vivir la vida espiritual victoriosa que Dios quiere darte.

En los primeros años de mi llamado, Dios me mostró que tenía que orar por lo menos tres horas diarias. Yo estoy hablando mi experiencia personal. Cada persona es responsable de preguntarle al Señor cuál es su necesidad de oración diaria. Esto puede variar en los creyentes. Para asegurarme que no fallaba apuntaba cuidadosamente lo que oraba en cada período de oración y luego al final del día sumaba. Llevaba mi registro con gran cuidado y el día que no podía orar las tres horas me sentía inquieto. Al otro día estaba muy alerta para tratar de superarme.

Así me fui moviendo. En esos días yo predicaba continuamente y trabajaba de profesor de escuela. Luego Dios me llamó al ministerio a tiempo completo y sentí que tendría que orar por lo menos cinco horas diarias o más.

Oraba a Dios que me mostrara lo más mínimo que me fuera de bendición en relación a la oración. Dios me reveló entonces cómo llevar mejor mi registro de oración y me mostró cómo diseñar la tarjeta para anotar mi oración diaria. Por años he usado esta tarjetita. Ahí yo puedo ver lo que oro y clamo tratando de superarme. Si uno no apunta lo que ora puede a veces creerse que ha orado mucho cuando la realidad es que no ha orado gran cosa. Al llevar el registro de oración sabemos en forma clara cuánto hemos orado cada día y preguntarle al Señor si es lo adecuado para nuestro llamado.

La tarjeta de oración es parte de la disciplina espiritual de cada miembro del Escuadrón Cristo Viene. Ellos la tienen que llenar diariamente y semanalmente me la entregan para yo supervisarle su vida de oración y orar por ellos en forma más efectiva. Dios me ha revelado el mínimo de oración que algunos de los miembros del Escuadrón tienen que hacer y yo los superviso por la tarjeta y los llamo y los exhorto cuando veo que no le están cumpliendo al Señor. Si no fuera por la tarjeta de oración no sabría lo que ellos han estado orando diariamente.

Ordénate en tu vida de oración. Esfuérzate por orar más. Trata de superarte semana tras semana. Clama por otros de todo corazón y cada día crecerás más delante del Señor. Sin oración abundante no hay crecimiento espiritual. No importa cuántas responsabilidades tengas como pastor, evangelista o jefe del concilio, lleva tu registro de oración y clama a Dios que te revele cuál es el mínimo diario que debes orar y no le falles en esto al Señor. Ahí está tu verdadera victoria.

A continuación te voy a mostrar un modelo de la tarjeta de oración del ministerio "Cristo Viene" tal y como Dios me la dio. Puedes hacer una en un cartón y llevar tu registro diario de oración.

NOMBRE			PASTOR				
L	M	M	J	V	S	D	TOTAL
1.	3	2	3	4	5	(6)	23 horas
2.							
3.							
4.							
5.							
6.							

ANOTA EL TOTAL DE ORACION EN CADA DIA. CADA LINEA ENUMERADA ES PARA UNA SOLA SEMANA.

Las letras sobre las columnas representan los días de la semana. Cada línea representa una semana. El modelo ilustrado te serviría para seis semanas. Cada cuadrado representa un día y ahí se anota lo que se oró en ese día. En el modelo incluido se puede ver lo que se oró el lunes, el martes y los demás días de la semana y luego el total de la semana que fue de 23 horas. El círculo alrededor del seis en el día domingo implica que se ayunó en ese día. En esa forma tú sabes los días que ayunaste en el mes y cuánto oraste cada día y cada semana.

Al terminar la semana sigues en la línea número dos para llevar tu registro en la semana subsiguiente. Al terminar seis semanas tendrás en la tarjeta un registro de tus oraciones y ayunos para ese tiempo. Luego usas una tarjeta nueva y guarda la que has llenado.

Tú puedes diseñar una tarjeta para ocho o diez semanas si así lo prefieres. Dios me llamó a levantar un ejército internacional de oración. Este movimiento se llama Guerreros de Oración. Los hermanos participantes oran diariamente por este ministerio y oran y ayunan por nuestras campañas y por múltiples problemas en la obra del Señor.

Los lectores que sientan enrolarse en Guerreros de Oración escríbanme enseguida y les enviaremos orientación completa.

Dios está llamando a miles al ministerio de intercesión y a orar de madrugada. Cada creyente debe esforzarse por orar más y madrugar para orar. Yo siento el llamado a orar de seis a siete horas diarias. Con todo el trabajo del ministerio parece imposible. Sólo hay una forma y es orando de madrugada. Día tras día y con las fuerzas de Dios me levanto antes de las 4:00 A.M. A eso de las 7 A.M. ya tengo las primeras tres horas de oración.

Es el último tiempo y el llamado a orar es fundamento de victoria para cada creyente (Lucas 21:36). Hermano, responde al llamado de Cristo. Se un Guerrero de Oración. Se un intercesor eficaz para el Dios de la gloria. No te conformes con una vida espiritual mediocre. Lánzate a una vida de oración profunda y abundante y verás la gloria de Dios.

Dios llama a las iglesias a madrugar y a toda la congregación a orar. A aumentar los cultos y las campañas de oración. Son los últimos días. Es la época más peligrosa de la historia. Sólo una vida de oración incesante nos dará la plena victoria.

Los creyentes no deben perder tiempo. En los días que no hayan cultos y a las horas fuera de los cultos reúnanse a orar en las casas. Clamen por un avivamiento final y decisivo antes del Rapto para que millares escapen antes de que la puerta sea cerrada.

Iglesia de Cristo... el llamado es a orar; orad en todo tiempo que Cristo viene y los tibios se quedarán. Orad sin cesar para que el fuego caiga en todas las denominaciones. Iglesia de Cristo, responde al llamado. Es ahora o nunca. Pronto viene la noche y ya nadie más podrá trabajar. Iglesia de Cristo levántate en pie de guerra. Lánzate a la batalla de la oración que el tiempo está cerca y la hora ha llegado de conquistar las últimas grandes victorias para el Señor.

Por compasión, por misericordia a la humanidad perdida, y aun por amor a ti misma, iglesia de Cristo, levántate y comienza a orar que pronto será tarde para toda la humanidad. Orad, Orad, Orad... y la gran victoria coronará nuestras cabezas.

MARANATHA...